赣南科技学院资助出版项目
赣州市社科联社科精品著作资助项目

赣州转型探索：产业革新与区域融合的策略视角

郭信艳　钟　滨　胡　艳　等著

北　京
冶金工业出版社
2025

内容提要

本书以赣州市区域经济为研究对象，深入探讨了赣州在新时期的产业革新与区域融合策略，分析了赣州在物流枢纽建设、产业转移承接、金融路径探索、数字化转型、产业园区共建和政府产业引导等方面的实践与策略，旨在探索赣州如何在国家发展战略背景下实现经济社会的高质量发展，通过具体的实践活动和政策支持，提升其在全国乃至全球经济版图中的竞争力，并可为其他地区的经济转型提供有益的借鉴和参考。

本书可供经济学者、地方政府决策者、企业管理者及对地方经济发展感兴趣的广大读者阅读参考。

图书在版编目（CIP）数据

赣州转型探索 ：产业革新与区域融合的策略视角 / 郭信艳等著. -- 北京 ：冶金工业出版社，2025. 4.
ISBN 978-7-5024-9892-4

Ⅰ. F127.563

中国国家版本馆 CIP 数据核字第 2024HL4530 号

赣州转型探索：产业革新与区域融合的策略视角

出版发行	冶金工业出版社	**电　话**	(010)64027926
地　址	北京市东城区嵩祝院北巷 39 号	**邮　编**	100009
网　址	www. mip1953. com	**电子信箱**	service@ mip1953. com

责任编辑　张熙莹　美术编辑　彭子赫　版式设计　郑小利
责任校对　葛新霞　责任印制　禹　蕊
唐山玺诚印务有限公司印刷
2025 年 4 月第 1 版，2025 年 4 月第 1 次印刷
710mm × 1000mm　1/16；10. 75 印张；207 千字；162 页
定价 80. 00 元

投稿电话　(010)64027932　投稿信箱　tougao@ cnmip. com. cn
营销中心电话　(010)64044283
冶金工业出版社天猫旗舰店　yjgycbs. tmall. com
（本书如有印装质量问题，本社营销中心负责退换）

前　言

2023年10月，习近平总书记在江西考察时指出："解放思想、开拓进取，扬长补短、固本兴新，努力在加快革命老区高质量发展上走在前、在推动中部地区崛起上勇争先、在推进长江经济带发展上善作为，奋力谱写中国式现代化江西篇章。"这一重要指示为江西省的未来发展提供了清晰明确的指引。作为原中央苏区的主体和核心区域，赣南地区在推进革命老区高质量发展的道路上肩负着义不容辞的责任，同时也承载着建设社会主义现代化赣州这一重大使命。

过去十年，赣州市通过解放思想和实际行动，实现了显著的经济发展成就。2023年，赣州市GDP突破4600亿元，主要经济指标在江西省名列前茅，经济总量位列全国百强城市第62位，较2012年提升了46位。在工业发展方面，赣州市成绩显著，通过实施两轮主攻工业翻番行动和工业倍增升级行动，聚焦于"1+5+N"产业布局，加强产业链、创新链、资源链的协同配合，构建现代化、高效能的产业体系。截至目前，赣州市已建立起以现代家居、有色金属和新材料、电子信息、纺织服装、新能源及新能源汽车、食品医药为主导的完善产业体系，并成功吸引中科院赣江创新研究院、中国稀土集团等科研机构和中央企业入驻，为赣州市的工业发展注入了强劲动力。

同时，赣州市致力于推动现代服务业的蓬勃发展，聚焦于文化旅游、现代商贸、现代物流、健康养老及现代金融等五大核心产业，并着力引进大型企业、强化优势产业的集聚效应。为此，赣州市深入开展服务业领域的"项目大会战"，以推动现代服务业实现高质量发展，并取得了显著成效。目前，赣州市已成功获批成为商贸服务型国家物流枢纽、国家普惠金融改革试验区及跨境电商综合试验区，为现代服务业的进一步发展奠定了坚实基础。

然而，赣州市在迎接区域经济一体化的过程中也面临挑战，如产业结构调整、产业链完善和创新能力提升。在粤港澳大湾区发展规划背景下，赣州需要优化产业布局，加速发展现代物流、制造业和金融服务等领域。这些挑战不仅关系到赣州市自身的转型升级，也对整个江西省乃至周边地区的经济发展产生深远影响。

本书以赣州市区域经济为研究对象，深入探讨了赣州在新时期的产业革新与区域融合策略。通过分析赣州在物流枢纽建设、产业转移承接、金融路径探索、数字化转型、产业园区共建和政府产业引导等方面的实践与策略，旨在探索赣州如何在国家发展战略背景下实现经济社会的高质量发展，并通过具体的实践活动和政策支持，提升其在全国乃至全球经济版图中的竞争力。本书不仅为赣州市提供发展建议，也为其他地区的经济转型提供有益的借鉴和参考。

本书分三篇，共八章。第一篇（第一～三章）聚焦赣州经济社会发展的现状，从经济的现代镜像、政策与发展路径，到经济成就与挑战，全面描绘赣州经济的全貌。同时，探讨其在粤港澳大湾区背景下的产业协作和共建策略。第二篇（第四～六章）分析赣州产业发展的内生动力，包括龙头企业的作用、物流枢纽建设及产业引导基金策略，展示赣州通过内部因素促进产业发展和经济增长的方式。第三篇（第七～八章）探讨金融支撑和技术创新作为赣州经济发展的关键驱动力，包括金融业如何融入区域经济体系和制造业如何通过数字化转型实现高质量发展。

本书的研究成果为专业人士提供了深入的案例分析，可供经济学者、地方政府决策者、企业管理者及对地方经济发展感兴趣的广大读者阅读参考。

本书的主要分工和撰写人员如下：第一章、第三章和第八章由郭信艳（赣南科技学院）撰写，第二章由余亮（赣南师范大学）、刘辉（中共赣州市委政研室）撰写，第四章由吴泽斌（江西理工大学）和郭信艳撰写，第五章由杨凌辉（江西理工大学）和郭信艳撰写，第六章和第七章由钟滨（赣南科技学院）、胡艳（赣州旅游投资集团）、汪文斌（赣南科技学院）和郭信艳撰写。全书由郭信艳负责统稿。

本书的顺利完成，首先感谢赣州市工商联、赣州市民营经济中心给予的专业指导，其次感谢赣州市社科联的经费支持，同时感谢赣南科技学院科技处的大力帮助。

赣州经济转型与发展的研究是一个值得不断探索的领域。由于视野及能力所限，书中不足之处敬请学界同仁及各界读者批评指正，以持续深化这一领域的研究。

郭信艳

2024 年 5 月

目　录

第一篇　赣州经济战略定位与产业协同发展

第二篇　赣州产业发展的内生动力和支持系统

第三篇 赣州经济发展的新亮点和新动能

第一篇　赣州经济战略定位与产业协同发展

在新时代中国经济发展的背景下，赣州作为江西省的重要城市，承载着推动区域经济高质量发展的重大使命。赣州的战略定位不仅关乎其自身的未来，更是整个中部地区乃至全国经济发展布局的关键组成部分。本篇通过三个具体的角度，即赣州的宏观经济与产业布局、产业协同与粤港澳大湾区的对接策略及与粤港澳大湾区共建产业园区的共赢策略，系统地剖析了赣州如何通过战略定位和产业协同实现区域经济的整体提升。

第一章深入分析了赣州在国家和省级战略中的定位及如何通过优化经济结构和产业布局来增强自身的竞争力。指出赣州的经济发展战略旨在通过加强传统产业升级和新兴产业发展来实现从量的扩张到质的飞跃。赣州的产业布局优化策略聚焦于现代服务业、高端制造业和生态农业等关键领域，目标是构建与全球市场接轨的开放型经济体系。通过引进外资和培育本地企业，赣州不断提高其在国内外市场的竞争力。

第二章探讨了赣州如何利用地理、文化和经济优势，实现与粤港澳大湾区的有效对接。分析了粤港澳大湾区的产业结构和发展趋势，以及赣州如何通过产业协同吸引粤港澳大湾区的资本、技术和人才，共同推动区域经济的高质量发展。赣州通过建立更加紧密的经济合作关系，尤其是在高新技术、智能制造和现代服务业等领域，与粤港澳大湾区形成互补和协同，从而推动双方的共同繁荣。

第三章详细阐述了赣州与粤港澳大湾区共建产业园区的战略意义和实际操作。通过构建跨区域产业合作平台，赣州不仅能够有效缓解沿海地区的土地和环境压力，还能实现资源和产业的优化配置。指出赣州通过与粤港澳大湾区的深度合作，可以共享资源，促进产业互补，共同探索可持续发展的新模式。此外，共建产业园区还有助于赣州提升其在全球经济体系中的地位，吸引更多外资企业投资，提升城市服务功能和居民生活质量。

总体而言，赣州在新时代的经济战略定位明确，且通过与粤港澳大湾区的产业协同与共建产业园区策略，展现了其在区域经济一体化进程中的积极作为和战略远见。通过这些策略的实施，赣州不仅能够促进自身的经济社会发展，也能为整个中部地区乃至国家的经济发展贡献力量。这些内容的详细探讨，为理解赣州的区域经济发展策略提供了全面的视角和深入的分析。

第一章 赣州经济发展与产业布局的宏观新视野

赣州，位于江西省南部，其地理位置得天独厚。在东侧，赣州与福建省三明市、龙岩市相邻；在南面，则与广东省梅州市、韶关市接壤；西侧则紧邻湖南省郴州市；而在北侧，则与江西省内的吉安市、抚州市相毗邻。赣州作为南北交通的重要枢纽，其地理位置的优越性不言而喻，不仅是内陆与沿海地区的关键交汇点，更是连接各方、促进交流的重要桥梁。随着粤港澳大湾区和长江经济带等国家发展战略的推进，赣州的区位优势更加凸显。

从历史角度看，赣州的经济经历了由传统农业向现代工业和服务业的转型。在宋代，赣州凭借其丰富的稻米产量成为江南地区的重要粮食供应地之一。到了明清时期，赣州的茶叶生产显著增长，矿产资源的开发，特别是金、银、铜等，也达到了历史上的顶峰。工业化从 19 世纪末开始起步，第一家机械化纺织厂的建立标志着赣州工业化进程的开始。新中国成立后，赣州融入国家计划经济体系，钢铁产量的激增成为其作为工业中心崛起的标志。

改革开放后，赣州着重于产业结构的升级和技术创新。有色金属、机械制造和电子信息等行业逐渐成为推动经济增长的主要力量。进入 21 世纪，赣州更加积极地推进产业结构的优化升级，重视科技创新和新兴产业的发展，如稀土研发、新能源汽车和电子信息技术等，显示了其在区域经济一体化中的积极作用。

未来的赣州，需要聚焦于实现高质量发展，通过深化改革和扩大开放来提升城市的竞争力。同时，如何在传统产业的升级和环境保护之间取得平衡，也是赣州发展中必须解决的问题。本章将从宏观视角探讨赣州在新时代背景下的战略定位，提供对赣州经济与产业布局的全面解读。

第一节 赣州经济发展历程回顾与新使命

一、赣州区位概况

赣州市，坐落于江西省南部，地理坐标位于北纬 24°29′～27°09′，东经 113°54′～116°38′，面积高达 39379.64 平方千米，占江西省总面积的 23.6%。赣州，作为江西省内规模最大的地级市，其地位不仅限于此，更是南部地区的重要战略要塞。在地理位置上，赣州东毗福建省三明市、龙岩市，南邻广东省梅州市、韶关市，西连湖南省郴州市，北接江西省吉安市、抚州市，所处位置极为优越，具有重要的战略意义。自古以来，赣州就是南北交通的重要枢纽和军事重镇，有“据五岭之要会，扼赣闽粤湘之要冲”的称号。

赣州市地理位置优越，其独特的区位优势使得该地区成为连接珠江三角洲与闽东南三角区的关键腹地，同时也是内地通往东南沿海的重要交通节点。近年来，随着粤港澳大湾区的快速发展，赣州的区位优势更加凸显，成为江西省融入粤港澳大湾区发展的前沿阵地。其地理优势为赣州与粤港澳大湾区城市之间的经济、文化和社会交流提供了天然的条件。

在经济方面，赣州拥有丰富的自然资源，如稀土元素、钨、石英等矿产资源，以及水稻、茶叶、中药材等农产品。此外，赣州的制造业基础坚实，尤其在新能源、电子信息、机械制造等行业具有较强的竞争力。随着区域一体化的推进，赣州的经济发展也表现出加速融入全国乃至全球市场的趋势。作为“一带一路”倡议的重要节点城市，赣州拥有工业发展和对外贸易的新增长机遇。

在交通网络方面，赣州正快速成为连接华南和华中、东南沿海与内陆的交通枢纽。已有多条高速公路和铁路线通过赣州，包括昌赣高铁和赣深高铁，这些都极大地提升了赣州的区域交通地位。赣州黄金机场的扩建和升级使得直接国内外航线增多，进一步提升了其作为区域交通枢纽的功能。

赣州市的地形主要以山地和丘陵为主，平均海拔在 300～500 米。这种地形不仅赋予了赣州独特的自然景观，还为城市提供了天然的生态屏障，同时也为发展生态旅游提供了良好的条件。赣州的旅游业已成为推动当地经济发展的重要力量，吸引着越来越多国内外游客的目光。

二、赣州经济发展历程

赣州是一座承载着悠久历史的城市，其经济历史和发展轨迹不仅凸显了中国东南地区的典型特征，更见证了我国经济社会的沧桑巨变。从传统农业社会到现代工业和服务业经济的转型，赣州展现了其独特的发展轨迹和区域特色。

（一）历史沿革：从古代到近现代的经济基础演变

1. 从古代至明清时期：农业与矿产经济的共生发展

早在古代，赣州便显现出其农业的繁荣特征。特别是在宋代，赣州的稻米年产量达到数百万石，成为江南地区的粮食要塞之一。至明清时代，赣州的茶叶生产更是呈现出显著的增长势头，清代中期数据显示，赣州年产茶叶量已超过 1 万吨，使其成为全国重要的茶叶出口基地。与此同时，赣州还坐拥丰富的矿产资源，包括金、银、铜等贵重金属。尤其在明清两代，金矿开采活动尤为兴盛，使赣州声名远播，成为全国知名的金矿产地之一。

2. 近现代初期：工业化初探

19 世纪末，赣州开始接触并尝试工业化。1895 年，赣州建立了首座机械化纺织厂，标志着赣州工业化的起步。尽管当时工业基础薄弱，但赣州的传统产业如陶瓷和纺织仍保持了一定的生产和出口规模。至民国时期，随着钨矿的开采，赣州的矿产资源得到了进一步的开发，1930 年赣州的钨矿产量已占全国总产量的 20%，为地方经济发展作出了重大贡献。

（二）新中国成立到党的十八大：经济体系建立与迅速崛起

新中国成立后，赣州迅速融入国家计划经济体系。1950—1970 年，得益于国家的重点支持，赣州的钢铁产量实现了零的突破，年产量达到 50 万吨，成为江西省迅速崛起的工业中心之一。

1978 年改革开放后，赣州市政府实施了一系列鼓励产业升级和技术革新的政策。特别是在有色金属、机械制造和电子信息产业，赣州都取得了显著的发展。得益于改革开放政策的实施，赣州的 GDP 从 1978 年的 11.59 亿元急剧增长到 2012 年的 1700.31 亿元，增长了 147 倍。此外，赣州发挥其农业优势，推动现代农业的发展，提升了农业生产的技术含量和效率。在 1990—2010 年，赣州生产总值的年均增长率达到 11.5%，显示出经济发展的强劲势头。

（三）党的十八大以来：全面经济转型与高质量发展

1. 经济发展与产业创新

党的十八大以来，赣州经济发展成就显著。到 2022 年，赣州 GDP 总量达 4523.63 亿元，相比 2012 年实现了大幅增长。从 2013 年到 2022 年，赣州 GDP 增速连续 10 年居江西省前 3 位，其中最近 8 年稳定在江西省前 2 位，呈现出“又快又稳”的发展态势。并且在 2022 年，赣州人均 GDP 达 5.04 万元，自 2008 年、2012 年、2017 年、2020 年分别突破 1 万元、2 万元、3 万元、4 万元之后，首次迈上 5 万元台阶。

产业发展上，工业领域的现代家居产业从 2012 年的 117.5 亿元跃升至 2022 年的 2500 亿元产值，正加速向 5000 亿元产业集群迈进；2022 年有色金属和新材料产业规上营收突破 2000 亿元，产业发展势头强劲，并且中国稀土集团、中科院赣江创新研究院、国家稀土功能材料创新中心等一批国字号科研机构落户赣州，为产业的后续发展提供了强大的技术支持；电子信息产业规模不断扩大，积极承接粤港澳大湾区产业转移，引进了富士康、众恒光电、康佳、景旺电子等行业龙头企业，到 2022 年，电子信息产业规上营收达到 1600 亿元，液晶显示模组、印制线路板产能分别占全国的 5% 和 9%；新能源呈现出快速发展的态势，利用资源优势及动力电池、永磁电机和电控等产业基础，大力推进新能源和新能源汽车产业全链条发展，2022 年该产业规上营收达 700 亿元。在农业领域，2012 年全市农林牧渔业总产值为 405.4 亿元，到 2022 年增长 735.38 亿元，增长了 81.4%。赣南脐橙连续多年位居全国地理标志产品区域品牌水果类第一，蔬菜产业也成为继脐橙之后又一产值超百亿元的富民支柱产业。

在科技创新领域，2012 年赣州投入相对较少，随着时间的推移，赣州对科技创新的重视程度不断提高，全面深化改革开放，加速推进改革试点和示范项目，开展了 200 余项省级以上试点示范，破除多项体制机制障碍，研发投入持续增加。2022 年赣州研发支出达 77.81 亿元，相比 2012 年有了大幅增长。

在推动区域经济发展过程中，赣州与深圳、广州、东莞、佛山等城市紧密合作，吸引吉利科技、格力电器等龙头企业投资，推动经济快速增长；同时，也注重深化与珠三角、长三角地区的经济合作，积极实施一系列跨省合作项目，以进一步促进区域经济一体化。此外，还实施了“1+5+N”产业集群战略，该战略覆盖了现代家居、有色金属和新材料、电子信息、纺织服装、新能源和新能源汽车、食品医药等多个重要行业领域。经过不懈努力，现已成功培育出四个千亿级产业集群，规模以上工业企业数量也实现了显著增长，从而有力推动了产业的多元化和集群化发展。

2. 基础设施建设与生态发展

赣州的基础设施建设显著提升，铁路、高速公路、航空等方面取得全面发展。特别是赣深高铁的开通，大幅缩短赣州至深圳的旅行时间，使赣州融入粤港澳大湾区的“2 小时经济圈”。同时，加强生态保护，实施山水林田湖草生态保护修复试点项目，完成废弃稀土矿山治理，保持全国领先的森林覆盖率。

3. 社会进步与民生改善

赣州市政府大力解决住房、供水、供电、交通、教育、医疗等民生问题，成功消除绝对贫困和区域性整体贫困。城市规模和人口数量翻倍增长，成功创建全国文明城市、国家卫生城市、国家森林城市。2012 年，国务院发布《关于支持赣南等原中央苏区振兴发展的若干意见》，为赣州提供了新的发展机遇。赣州利用这一机遇加速发展，其经济总量迅速跻身全国百强城市之列，通过持续努力，取得了振兴发展的历史性成就。

（四）当前赣州经济发展的整体态势

2023 年，鉴于国内外形势的复杂性，赣州市坚定不移地推进“三大战略、八大行动”，确保稳经济政策得到有效落实。在此期间，赣州市经济呈现出逐季稳步回升的态势，经济总量实现显著增长，并且经济增速已连续 13 年保持高于全国、全省的平均水平。经过统一核算，赣州市 2023 年全年生产总值达到 4606.2 亿元，相较于上一年度实现了 5.3% 的稳健增长。在产业构成方面，第一产业增加值达到 456.7 亿元，同比增长 5.1%；第二产业增加值达到 1804.2 亿元，同比增长 8.8%；第三产业增加值达到 2345.3 亿元，同比增长 2.8%。

1. 农业生产稳中有进

经过全面统计与分析，赣州全年农林牧渔业总产值达到了 740.96 亿元，实现了 5.2% 的稳步增长。在农业生产方面，粮食播种面积有所增加，具体增加了

7019.5亩，粮食总产量为265.4万吨，同比增长3.1%；在畜牧业方面，各项主要畜产品产量均呈现出积极的增长态势，猪肉产量为58.6万吨，同比增长1.1%，牛肉产量为4.1万吨，同比增长1.5%，禽蛋产量也实现了显著增长，达到7.9万吨，同比增长6.9%。此外，年末生猪存栏量达到了387.3万头，同比增长0.3%。

2. 工业经济持续回暖

经统计数据显示，2023年度赣州规模以上工业整体呈现稳健增长态势，工业增加值同比增长达到10.3%。其中，制造业作为赣州市工业的重要组成部分，增长贡献尤为显著，规模以上制造业增加值实现同比增长12.7%。装备制造业和高技术制造业均呈现出显著的增长态势，其增加值分别实现了16.6%和15.0%的增长。在新产品产量方面，也展现出良好的增长趋势。具体来看，太阳能电池、锂离子电池及稀土磁性材料产品的产量分别实现了57.3%、35.8%和13.0%的强劲增长。

3. 服务业加快恢复

赣州2023年度服务业增加值实现了2.8%的稳健增长。具体来看，住宿和餐饮业增长势头强劲，达到了10.8%的增幅；金融业表现不俗，实现了7.6%的增长；批发和零售业、交通运输仓储和邮政业也分别实现了7.4%和6.7%的增长；其他营利性服务业也稳步增长，增幅为3.5%。在规模以上服务业企业中，营业收入实现了1.3%的稳步增长。其中，互联网和相关服务业表现尤为突出，营业收入增长高达37.3%；生态保护和环境治理业呈现良好发展态势，营业收入增长15.2%；居民服务业和商务服务业也分别实现了9.5%和8.7%的营业收入增长。

4. 商贸市场保持平稳增长

根据统计数据，2023年赣州社会消费品零售总额达到了2223.04亿元，实现了5.9%的稳健增长。其中，限额以上单位实现零售额690.43亿元，同比增长7.5%。在基本生活类商品方面，市民的需求持续释放，推动限额以上单位在多个领域实现显著增长。具体而言，服装、鞋帽、针纺织品类零售额同比增长64.2%，粮油、食品类零售额增长21.3%，烟酒类零售额增长10.8%，均呈现出强劲的增长势头。同时，升级类商品零售也实现了快速增长。限额以上单位在体育和娱乐用品类、化妆品类及金银珠宝类等领域的零售额分别增长61.8%、45.2%和42.8%。此外，新能源汽车市场也呈现出蓬勃发展的态势，零售额同比增长57.0%，限额以上单位通过公共网络实现的商品零售额达到74.0亿元，同比增长42.1%。

5. 消费价格温和上涨

2023年赣州居民消费价格上涨0.3%。在各类消费领域中，食品烟酒类价格微幅上涨0.1%，衣着类价格上涨1.7%，居住类价格上涨0.2%，生活用品及服务价格上涨 0.9%，教育文化和娱乐类价格上涨 2.3%，医疗保健类价格上涨 0.9%，其他用品和服务类价格上涨 3.5%。然而，交通和通信类价格则出现了 2.5%的下降。12 月居民消费价格同比上涨 0.5%，环比上涨 0.1%。

总体来看，2023 年赣州市经济发展持续向好，不仅在总量上实现了增长，更在质量上取得了显著提升。然而，也必须清醒地认识到，当前经济发展仍面临着一些不确定因素和挑战。

三、赣州经济发展新使命

赣州，这片曾经沐浴过革命火种的土地，现在正站在新的历史节点上。自 2019 年习近平总书记在江西考察并强调在革命老区加快高质量发展的重要性之后，赣州被赋予了新的使命。这一使命不仅是对赣州的挑战，也是对其深厚历史文化和发展潜力的一种信任与期待。

（一）赣州的高质量发展蓝图

2022 年 3 月，国务院正式批复同意建设赣州革命老区高质量发展示范区，标志着赣州的发展进入了一个全新的阶段。革命老区的新使命是在加快自身高质量发展的同时，成为中部地区崛起的示范。2023 年赣州的主要经济指标增幅持续领跑全省。特别是在有色金属和新材料、电子信息、新能源及新能源汽车等领域，产业规模和营收均实现了显著增长。

（二）科技创新引领产业升级

在习近平总书记的重要指示精神指引下，赣州加大了科技创新工作的力度。江西金力永磁科技股份有限公司就是一个典型例证，公司凭借持续的科技投入和创新，已发展成为世界领先的稀土永磁企业。赣州不仅在稀土行业取得了突破，还通过制定《赣州市稀土钨稀有金属产业发展规划（2021—2025 年）》，进一步延伸产业链，提高了产业的附加值和竞争力。

（三）稀土产业的转型与生态保护

赣州的稀土产业历史悠久，但面临的挑战也不少。曾经“金子卖出白菜价”的局面如今已有了翻天覆地的变化，赣州通过提高科技创新和环境保护标准，确保了稀土开发利用的绿色可持续。省内首个央企总部中国稀土集团在此挂牌成立，标志着赣州稀土产业的国际化和现代化步伐。

（四）打造国际化的产业集群

除了稀土，赣州还积极发展新信息技术和新能源汽车产业。例如，赣州新能源科技城的建设就是向高端制造业和智能制造业的转型。同时，赣州市成功入选国家级先进制造业集群，加强了与全球市场的联系，提升了产业的国际竞争力。

面对未来，赣州将继续以“老区精神、湾区思维、特区速度”为动力，不断深化改革，扩大开放，推动更高质量、更有效率、更加公平、更可持续的发展。赣州的发展历程和未来规划，展现了其作为革命老区在新时代的光辉形象和勇敢前行的决心，努力打造成为一个生态宜居、经济繁荣、社会和谐的现代化城市[1]。

第二节　赣州发展总体规划与产业布局

一、赣州发展总体规划解析

“十四五”时期，作为“两个一百年”奋斗目标的历史交汇期，对于赣州而言，不仅标志着与全国、全省同步全面建设社会主义现代化的重要起点，更代表着推进革命老区高质量跨越式发展的全面加速阶段。在此背景下，《赣州市国民经济和社会发展第十四个五年规划和二〇三五年远景目标纲要》（以下简称《纲要》）作为开启全面建设社会主义现代化国家新征程的首个中长期规划，其核心在于深入阐述赣州市委、市政府的战略意图。该规划不仅是赣州市各级政府履行职责的重要依据，也是市场主体行为的重要导向，更是全市人民共同期待的愿景。它对于引领全市未来五年乃至更长时期的经济社会发展，具有极其重要和深远的意义。

（一）主要内容翔实

《纲要》全文共计18篇57章154节，正文篇幅约7.3万字，内容逻辑严谨、结构层次分明。从整体上看，其主要内容可划分为以下三个部分。第一部分，即开篇的总论部分，对“十三五”时期的发展成就进行了全面总结，深入分析了未来发展所面临的环境与挑战，并据此明确了总体的发展要求。在此基础上，进一步提出了2035年的远景目标及“十四五”时期的主要发展目标，为未来的发展规划了清晰的方向。第二部分，涵盖了从第二篇至第十七篇的分论内容。这一部分详细阐述了各项重大任务的实施路径和具体措施，包括推进新时代赣南苏区振兴发展、打造对接融入粤港澳大湾区的重要桥头堡和省域副中心城市、深化创新驱动发展战略、构建现代化产业体系、全面融入国家发展新格局、深化市场化改革、推进内陆开放先行、促进区域和城乡协调发展、打造革命老区乡村振兴典范、完善现代基础设施网络、建设美丽中国“赣州样板”、提升文化软实力、促进人的全面发展、满足人民对美好生活的向往、加强平安赣州建设及推进社会主义民主政治建设等方面的内容。第三部分，即结尾的第十八篇，着重对保障规划实施进行了全面部署。这一部分强调了党的领导在规划实施过程中的核心作用，并提出了形成规划实施合力的具体要求，以确保《纲要》各项任务得到有效落实[2]。

（二）工作重点突出

在总体把握上，注重体现“三个突出”的核心理念。

一是突出对标对表与体现赣州特色。全面对接《江西省国民经济和社会发展第十四个五年规划和二〇三五年远景目标纲要》和《中共赣州市委关于制定全市国民经济和社会发展第十四个五年规划和二〇三五年远景目标的建议》，深入贯彻落实江西省委、省政府对赣州提出的“五个作表率”和“三个当仁不让、两个争做排头兵”的新要求，确保在总体要求、重要判断、主要目标、重点任务等方面保持与上级精神的高度一致，充分展现赣州的地方特色与发展优势。

二是突出战略谋划和重点任务部署。坚持将《纲要》作为指导全市经济社会发展的纲领性文件，明确未来发展的主要目标任务和重大战略举措。同时，在充分考虑经济社会发展各方面因素的基础上，重点对新时代赣南苏区振兴发展、打造对接融入粤港澳大湾区桥头堡、建设省域副中心城市等“三大战略”进行精准部署，以确保各项重点工作有序推进，切实解决短板问题，强化薄弱环节，发挥优势特色。

三是突出一脉相承和开拓创新。在系统总结“十三五”时期经济社会发展成就的基础上，紧密结合赣州市“十四五”时期所处的特定发展阶段，围绕科技创新、工业倍增升级、乡村振兴、新型城镇化、现代服务业、基础设施建设等“六大主攻方向”提出新的思路举措和工作重点。通过明确目标指标、部署重点任务、制定重大举措等方式，实现传承与创新的有机结合，推动赣州经济社会持续健康发展。

（三）战略定位精准

一是融入新发展格局。明确打造全面构建新发展格局的重要战略节点。

二是狠抓“三大战略”。为全面推进新时代赣南苏区振兴发展，致力于构建“1+N+X”的革命老区振兴发展政策体系，以强化政策支持和引导力度。同时，聚焦于“三区一园”建设，努力将其打造成为对接融入粤港澳大湾区的重要桥头堡，以促进区域协同发展。此外，加强“六个区域性中心”的建设，努力将其提升为省域副中心城市，以推动赣南苏区在全省乃至全国范围内的地位和作用不断提升。

三是聚焦“六个主攻方向”。科技创新方面，大力推进中科院赣江创新研究院建设，建设国家创新型试点城市。工业倍增升级方面，打造“1+5+N”重点产业集群。乡村振兴方面，打造革命老区乡村振兴示范区。新型城镇化方面，优化“一核五区”区域发展格局。在现代服务业领域，着重推进现代金融、现代物流、电子商务等生产性服务业的发展，并同时加大对文化旅游、健康养老等生活性服务业的投入与支持，以促进服务业的全面发展与升级。在基础设施建设方面，紧抓“新基建”的重大机遇，积极推进全国性综合交通枢纽的建设步伐，致力于构建安全高效、绿色低碳的现代能源体系，同时不断完善现代化赣南水网体系，以推动区域的可持续发展。

（四）发展目标明确

为确保新发展理念贯穿于全过程和各领域，《纲要》设立了涵盖综合质效、创新驱动、协调发展、改革开放、绿色生态、民生福祉等六大领域的32个主要指标。其中，预期性指标21个，约束性指标11个。同时，通过专栏31个重大项目的设立，充分发挥工程项目对“十四五”时期经济社会发展的支撑作用，并提出了大量具体的工程项目。

在“十三五”规划期内，赣州的综合实力显著增强，城乡面貌发生巨大变化，群众的获得感显著提升，干事创业的氛围日益浓厚。GDP的年均增幅达到8.2%，连续五年位居江西省之首，经济总量从1974亿元增长至3645亿元，跃升至全国百强城市的第66位，为“十四五”时期的发展奠定了坚实基础。

当前，我国正处于新发展阶段，尽管面临战略机遇期，但内外部环境仍然复杂多变。经济全球化面临逆流，不稳定和不确定性因素增加。然而，我国经济持续向好的根本态势并未发生根本性改变，赣州的经济社会发展依然处于至关重要的战略机遇期。国家正积极推进新发展格局的构建，同时深入实施粤港澳大湾区建设、长江经济带发展、中部地区崛起等一系列国家发展战略，为赣州的经济社会发展营造了有利的外部环境和条件。

“十四五”时期赣州市经济社会发展的主要目标有：

（1）综合实力得到新增强。主要经济指标增速稳居江西省前列，人均水平与全国、全省的差距逐步缩小，经济总量在全国百强城市排名中持续攀升，为高质量跨越式发展奠定了坚实基础。

（2）产业发展实现新突破。创新引领能力大幅提升，产业基础高级化、产业链现代化水平实现跨越式进步，主导产业规模与质量效益双双提升，农业优势产业蓬勃发展，现代服务业品质显著提升，战略性新兴产业蓬勃发展，形成了一批具有全国影响力的产业集群。

（3）改革开放迈出新步伐。社会主义市场经济体制日益完善，高标准市场体系基本建成，营商环境持续优化。双向开放深度和广度不断拓展，作为“一带一路”重要节点城市、内陆开放型经济试验区及对接融入粤港澳大湾区的桥头堡，建设成果显著。

（4）城市能级实现新跃升。城镇化质量与城市功能品质大幅跃升，人才、资本、科技等发展要素加速汇聚。全国性综合交通物流枢纽功能更加完善，城市综合实力和辐射带动能力显著增强，省域副中心城市建设取得重大突破，正逐步打造成为具有较强竞争力的国家区域中心城市和Ⅰ型大城市。

（5）生态文明建设取得新成效。国土空间开发保护格局持续优化，生态环境质量稳步提升，生态安全屏障更加坚实。资源节约集约利用水平不断提高，生态产品价值实现多元化转化，生态文明制度体系日益完善，山水林田湖草生命共同体示范区建设基本完成，绿色发展走在全国前列。

(6) 人民生活得到新提升。脱贫攻坚成果得到有效巩固，乡村振兴战略深入推进，社会就业质量显著提高，教育、医疗、住房、养老、托幼、体育等基本公共服务水平与全国差距明显缩小，老区人民的获得感、幸福感、安全感显著增强。

(7) 社会治理迈上新台阶。社会主义民主法治建设深入推进，“五型”政府治理效能不断提升，基层高效协同治理格局基本形成，重大风险防范化解、突发公共事件预防处置、防灾减灾救灾能力显著提升，发展安全保障更加坚实。

(五) 发展措施有方

1. 深度融入粤港澳大湾区，打造跨省区域合作典范

赣州将全方位、全要素对接融入粤港澳大湾区，打造“湾区+老区”跨省区域合作可持续、高质量发展的典范。

2. 提升省域副中心城市能级，建设国家区域中心城市

赣州致力于构建区域性教育中心、科研创新中心、金融中心、商贸物流中心、文化旅游中心及医疗养老中心，并以此为契机，积极促进城市人口的集聚、城市规模的扩大及城市功能品质的提升。此举旨在打造一个与省域副中心地位相匹配的城市体量，提升经济实力，并增强辐射带动力，以推动城市全面协调可持续发展。

3. 深入推进创新驱动发展，建设创新型赣州

赣州将致力于全力推进中科院赣江创新研究院的建设工作，力求打造一个融合创新研究、成果应用及人才培养功能于一体的新型国际研发平台。同时，致力于强化区域科技创新资源的整合集聚与开放共享，以期打造若干具备显著竞争力的产业创新链，从而推动科技创新与产业升级的深度融合。

4. 坚定不移发展实体经济，加快构建赣州特色现代产业体系

赣州将着力推进工业领域的倍增升级战略，旨在进一步壮大“两城两谷两带”等主导产业及各地区的首要产业，并深入实施产业集群的提能升级计划。此外，赣州还将积极培育和扶持战略性新兴产业的发展，抢抓前沿领域的制高点，紧密跟随战略性新兴产业和未来产业的发展趋势，以期实现工业结构的优化升级和经济的持续健康发展。

5. 持续深化开放合作，高水平推进内陆开放先行试验区建设

赣州将积极融入国家重大区域发展战略，全力参与粤港澳大湾区、长江经济带、长三角一体化及海西经济区的建设进程。此外，深化推进内陆开放先行先试，深度融入共建“一带一路”倡议，积极与“一带一路”共建国家及地区、区域全面经济伙伴关系协定（RCEP）成员国等开展广泛的合作，共同推动区域经济一体化进程。

6. 注重新老基建并举，加快健全现代基础设施体系

赣州将致力于加强新型基础设施的建设力度，积极把握“新基建”的发展契机，以构建支撑数字转型、智能升级及融合创新的新型基础设施体系为目标。同时，赣州将加快推动全国性综合交通枢纽的建设进程，统筹协调铁路、公路、民航、水运等基础设施的规划建设，以打造高效便捷、互联互通的交通网络。

二、赣州产业发展布局特征

（一）产业规模

赣州的制造业作为工业的重要组成部分，在经济中发挥着重要作用。近10年来，赣州规模以上工业总产值、增加值、营业收入和利润总额持续增长，显示出制造业产业规模不断扩大的趋势，如图1-1所示。

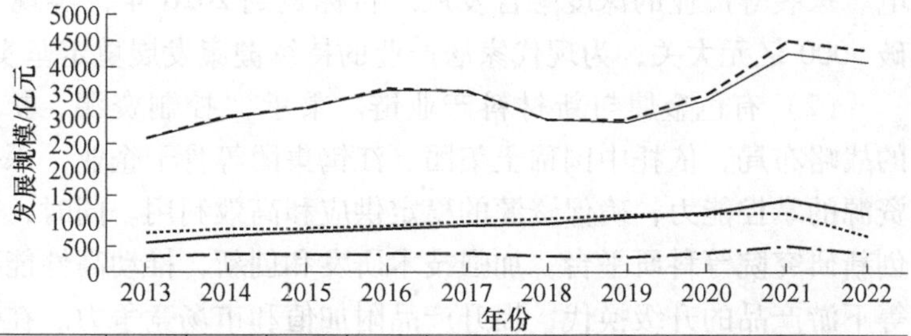

	2013	2014	2015	2016	2017	2018	2019	2020	2021	2022
—— 年末固定资产原值	570.2	703.9	778.3	840.0	904.7	938.9	1071.5	1162.4	1411.4	1141.1
—— 工业总产值	2606.5	2998.4	3199.8	3541.1	3540.9	2972.8	2920.3	3361.0	4261.4	4094.3
······· 工业增加值	765.5	841.6	858.3	898.6	990.6	1047.1	1122.7	1145.3	1145.3	698.5
- - - 产品销售收入(主营业务收入)	2607.1	3030.3	3196.7	3583.6	3521.7	2968.6	2993.5	3475.7	4504.1	4317.7
—·— 利润和税金总额	303.1	344.7	339.9	360.7	371.6	312.2	292.8	375.2	509.2	361.4

图1-1　2013—2022年赣州市规模以上制造业发展规模情况

数据来源：根据2014—2023年赣州市统计局发布的统计年鉴整理所得

（二）行业分布

2021年9月，《赣州市“十四五”制造业高质量发展规划》正式印发，该规划全面界定了赣州未来五年在制造业高质量发展领域的发展定位、目标设定、空间布局及核心任务等关键要素。《规划》中强调，需以更加坚定的决心和更大的力度推动工业实现倍增升级，并重点聚焦于大型产业、大型园区、重大项目、大型平台及领军企业。在此基础上，确立了以“1+5+N”产业体系为核心的发展格局，即优先发展纺织服装、绿色食品、家具家居、汽车及零部件、稀土和有色金属等传统优势产业，同时积极拓展新能源和新材料、电子信息、医药等新兴产业。此外，《规划》还明确指出，制造业需朝着数字化、网络化、智能化、平台

化及绿色化等方向进行转型升级，以此构建具有鲜明赣州特色的现代产业体系，进而实现赣州制造业高质量发展的战略目标。

三、产业链结构

2023 年 11 月，赣州市人民政府关于印发《赣州市制造业重点产业链现代化建设“7510”行动计划（2023—2026 年）》的通知，提出了“7510”行动计划。

（一）7 条重点产业链

（1）现代家居产业链。致力于推动其向高端化、智能化、品牌化和融合化方向迈进。在此过程中，重点关注实木、软体、办公及智能家居等领域的深度拓展，并致力于完善五金、水性漆、灯饰、海绵等配套产业链。为顺应生产自动化、设计 AI 化、产品智能化的时代潮流，正在加速推进数字化转型进程。同时，鼓励美克美家、格力电器等行业领军企业充分发挥其引领作用，推动家具、家电、家装等产业的深度融合发展。目标是到 2026 年，实现全产业链营业收入突破 5000 亿元大关，为现代家居产业的持续健康发展奠定坚实基础。

（2）有色金属与新材料产业链。秉承“控制资源、扩展中游、发展下游”的战略布局，依托中国稀土集团、江钨集团等骨干企业，深化对稀土、钨等关键资源的掌控能力，确保资源的稳定供应和高效利用。同时，充分利用中科院赣江创新研究院等科研平台，加强技术研发和创新，推动高性能磁性材料、永磁电机等下游产品的升级换代，提升产品附加值和市场竞争力。在钴产业方面，积极推动产业链向电池前驱体、正极材料等高端领域延伸，打造完整的钴产业链。此外，还致力于发展铜基新材料、锡合金制品等特色优势产品，拓展产业链的宽度和深度。为实现产业链的协同发展和优化升级，积极推动产业链上下游企业的兼并重组，培育具有全球竞争力的领军企业。到 2026 年，全产业链营业收入力争达到 3000 亿元，实现产业的跨越式发展。

（3）电子信息产业链。在基础材料与元器件的坚实支撑下，致力于实现终端产品引领、硬件制造精湛、软件开发领先及新一代信息技术的深度融合应用，旨在全面提升产业链的价值链水平。积极致力于智能终端、高端装备制造、新型显示等细分产业链的发展，并致力于做精做优配套产业，如玻纤复合材料等。同时，注重培育人工智能、区块链等前沿产业链，以推动产业创新发展。目标是到 2026 年，实现全产业链营业收入达到 2200 亿元。

（4）新能源与新能源汽车产业链。采取“资源保障、高端应用、产业链完善”三位一体的战略路径，致力于构建一条涵盖锂电池材料研发与回收利用在内，全面而完整的新能源产业链。同时，对含氟高分子材料等氟盐新材料进行持续优化升级，以提升其性能与应用价值。此外，积极拓展光伏、氢能、钠离子电池等新型能源及储能产业链，以满足市场对清洁、高效能源的需求。在整车链的发展方面，加大对凯马汽车、国机智骏等企业的支持力度，推动其实现技术突破和市场拓展。目标是到2026年，力争实现全产业链营业收入达到2500亿元。

（5）纺织服装产业链。以科技、时尚、绿色发展为核心方向，通过积极实施产业转移、鼓励自主创新、推动数字化转型及加强品牌建设等多重举措，重点聚焦服装、棉纺、产业用纺织品等细分产业链的发展，并不断完善相关配套服务。目标到2026年，确保全产业链的营业收入达到并力争超过2000亿元。

（6）绿色食品产业链。秉承绿色、安全、健康、便捷的核心原则，全面推动种植、加工、储运、营销等全产业链的协同发展。特别关注果蔬、肉制品等细分领域的优化升级，并致力于推动食品制造的规模化发展及供应链的现代化改造。目标是到2026年，力争实现全产业链营业收入达到400亿元。

（7）生物医药产业链。通过对外招引与内部孵化的双重策略，致力于发展中成药、化学药以及医疗器械等细分领域，旨在构建以药品、医疗器械及宠物健康为核心的全面发展模式。目标是到2026年，实现全产业链营业收入达到150亿元。

（二）5个先进制造业集群

（1）稀土新材料及应用先进制造业集群。以“中国稀金谷”一核两翼（赣州高新区为核心，赣州经开区、龙南经开区为两翼）为发展格局，并依托寻乌县、全南县、定南县、安远县、信丰县、章贡区、上犹县等区域作为重要支撑点。集群聚焦于“稀土矿采选—稀土冶炼分离—稀土合金、高纯氧化物—稀土永磁等功能材料及应用”这一完整的产业链，致力于积极引进永磁电机行业的领军企业，以扩大永磁电机等后端应用产业的规模与影响力。同时，集群以高标准推进“中国稀金谷”永磁电机产业园的建设工作，旨在推动国家级稀土新材料及应用先进制造业集群向世界级水平迈进[3]。

（2）现代家具先进制造业集群。以南康区为核心区域，紧紧围绕“打造世界级家居制造之都和家居集散地”的战略目标，坚定不移地推动产业规模持续扩大、存量优化升级、市场营销活化创新、品牌影响力提升。积极对接并引进国内外先进技术，全面促进产业链、创新链、人才链、政策链、资金链的深度融合，以加快构建集研发设计、智能制造、销售展示、文化旅游于一体的现代化家具产业体系。致力于打造一个具有全球影响力的现代家具先进制造业集群。

（3）钨新材料及应用先进制造业集群。为了加强赣州经开区与赣县区在钨精深加工及应用领域的研发生产能力，致力于将两地打造成为该领域的主要承载地。同时，重点关注大余县、崇义县、上犹县、章贡区、定南县等地的钨原料及特色深加工产业基地的培育工作。积极支持钨矿山深部或边部的勘查活动，并推动钨冶炼行业的高端化改造升级进程。通过发展钨基新材料，力求进一步提升钨精深加工的技术水平。重点将围绕“钨矿采选—钨冶炼—钨丝、硬质合金—刀钻具、光伏用钨丝及军工产品等”这一完整的产业链展开，旨在巩固并提升高纯APT、高纯钨粉和碳化钨粉、钨靶材等具有优势的基础材料生产水平。此外，重点发展硬质合金涂层刀片、数控刀片、整体刀具等应用产品，以推动钨新材料及应用领域先进制造业集群的形成，并努力将其打造成为具有全球影响力的产业集群。

(4) 电子信息先进制造业集群。在产业布局上，以赣州经开区、信丰县、龙南市为核心区域，聚焦智能终端、新型显示、高端印制电路板、电子元器件及高端装备制造等细分领域，致力于实现产业的精准发展和优化升级。同时，支持章贡区、南康区、安远县、定南县、全南县、兴国县、于都县、上犹县等区域，根据各自特色和资源优势，打造特色产业集群，推动形成差异化竞争格局。此外，深度融入粤港澳大湾区产业协作体系，积极承接产业转移，充分利用粤港澳大湾区的技术、人才和市场优势，提升本地电子信息产业的竞争力和创新能力。

(5) 锂电新能源先进制造业集群。以赣州经开区、赣县区及龙南市为核心区域，致力于强化锂电制造产业链，并以此为基础，辐射带动大余县、会昌县、宁都县、信丰县、定南县、全南县、崇义县、安远县、上犹县、寻乌县及章贡区等地，发展具有地方特色的优势产业集群。精心布局锂盐、钴盐、镍盐、正负极材料、隔膜、电解液、锂电池回收及钠电等关键项目，并致力于建设完善的锂电产业配套基地，打造具备国内竞争力的锂电新能源先进制造业集群。

第三节 赣州产业发展的挑战与未来展望

一、赣州产业发展新机遇新挑战

进入新的发展阶段，我国依然处于重要的战略机遇期，经济长期向好的基本面保持稳固，这为赣州的经济社会发展营造了有利的外部环境。中央政府正致力于加快构建新发展格局，大力推动粤港澳大湾区建设、长江经济带发展、中部地区崛起等国家发展战略的实施，并积极支持新时代革命老区的振兴发展。江西省委也明确表态，将支持赣州打造成为对接融入粤港澳大湾区的桥头堡和建设省域副中心城市，这进一步凸显了赣州的发展优势，并预示着赣州广阔的发展前景。然而，也必须清醒地认识到，当前国内外形势复杂多变，不稳定性和不确定性因素明显增多，这对赣州的产业发展提出了新的挑战。

（一）产业发展不平衡不充分

首先，从产业结构来看，赣州的产业发展呈现出“一产弱、二产强、三产发展较慢”的特点。农业在赣州经济中所占比重较大，但农业生产方式较为传统，产值较低；工业是赣州的支柱产业，尤其是以稀土、钨等资源加工为主的稀土产业，其在全国乃至全球都具有较高的地位，但同时也存在着资源枯竭、环境污染等问题；服务业发展相对滞后，尤其是现代服务业，如金融、物流、信息等产业发展较为缓慢。

其次，从区域发展来看，赣州的产业发展也存在一定的不平衡。城市区域与发展较好的区域，如赣州开发区、蓉江新区等，其产业发展相对较快，尤其是高新技术产业、现代服务业等方面；而一些偏远山区和农村地区，由于基础设施较差、人才流失严重等问题，产业发展相对滞后。

再次，从产业链发展来看，赣州的产业链条不够完善，产业协同发展能力较弱。一方面，产业链条短，附加值低，难以形成完整的产业生态。另一方面，产业链上下游企业之间的协同发展不足，导致资源浪费和效益低下。

（二）经济总量、人均 GDP 水平有待提高

赣州虽然发展势头迅猛，但与部分经济发达区域相比，其经济总量和人均 GDP 仍有待提升。2021 年，赣州的地区生产总值实现了显著增长，达到 4169.37 亿元。根据可比价格计算，同比增长了 9.1%，这一增速分别高出全国和全省平均水平 1.0 个百分点和 0.3 个百分点。在产业结构方面，第一产业增加值达到 427.52 亿元，同比增长 7.2%，两年平均增长 4.9%；第二产业增加值实现 1652.34 亿元，同比增长 8.7%，两年平均增长 6.4%；第三产业增加值则达到 2089.51 亿元，同比增长 9.8%，两年平均增长 7.2%。经过一年的发展，赣州的产业结构得到进一步优化，由 2020 年的 11.3：38.0：50.7 调整为 2021 年的 10.3：39.6：50.1。若以当年的常住人口作为计算基础，赣州的人均 GDP 呈现出相对较低的水平，仍有待进一步提升。

2022 年，赣州的地区生产总值增至 4523.63 亿元，同比增长 5.2%。非公有制经济增加值为 2892.57 亿元，同比增长 5.8%。

到了 2023 年，赣州的地区生产总值进一步提升至 4606.21 亿元，按不变价格计算，同比增长 5.3%。非公有制经济增加值达到 2936.21 亿元，与上年同期基本持平，增长率为 5.3%。人均地区生产总值为 51245 元，同比增长 5.2%。

尽管赣州的经济稳定增长，且人均 GDP 有所提高，但与国内部分经济更发达的城市和地区相比，仍有显著差距，表明经济总量和人均水平的提升仍有较大空间。

（三）产业创新能力不足

赣州作为江西省的重要城市，一直致力于提升自身的科技创新能力，希望通过科技进步驱动产业升级和经济发展。虽然近年来在创新能力上取得了一定进展，如专利申请数量显著增长、高新技术企业和科技型中小企业的大量涌现，但在产业创新方面仍存在一些明显的不足和挑战。

1. 创新能力的增长与不足

（1）专利申请的双重面貌。赣州 2022 年获得的国家专利 1233 项，表明其技

术创新活跃。然而，每亿元 GDP 的专利产出仅为 0. 27 项，与每万人有效发明专利拥有量 5. 33 项相比，暴露出赣州在科技研发人员的绝对数量和人均创新能力上还有待加强。

(2) 产业创新的局限性。在金属的生产或精炼（C22B)、桌子或办公家具(A47B) 等优势指数均超过或达到 5. 74，这表明赣州在特定领域拥有创新优势。然而，产业创新却显得较为局限，未能形成更广泛的技术优势和产业影响力。

2. 数字经济与智能制造的推进有待深入

(1) 智能制造基地的搭建。赣州在推动数字经济和智能制造方面也取得了进展。例如，赣州经开区和章贡区被评为“江西省智能制造基地”，章贡高新区获批省级数字经济创新发展试验基地，孚能科技、国泰特种化工列为工信部智能制造试点示范项目，孚能科技智能制造项目被列为工信部“智能制造综合标准化与新模式应用项目”，先后有国机智骏、孚能科技、赢家服装等 20 个企业项目被评为“省智能制造试点示范项目”，获评数位居全省前列。评选市级智能制造试点示范项目 47 个，其中“智能工厂”项目 8 个，“数字车间”项目 16 个，“机器换人”项目17 个，“高端智能装备示范”项目 6 个。赣州多个项目被评为省智能制造试点示范项目，显示了赣州市政府在推动智能制造方面的积极努力。然而，要成为真正的智能制造强市，还需进一步提升制造业的自动化、智能化水平，推广应用新技术，优化生产流程，提升整体生产效率。

(2) 数字经济的深化发展。虽然赣州有章贡高新区等被评为数字经济创新发展试验基地，但在全国乃至全球范围内，数字经济发展仍面临激烈的竞争。赣州需进一步加大投入，优化政策支持，吸引更多的数字经济企业和人才，特别是在大数据、人工智能等前沿技术领域。

3. 科技创新平台的作用有待增强

(1) 科技创新平台的建设成果

赣州持续致力于促进科技合作，积极与中国科学院、中国工程院、清华大学等众多国内知名研究机构和高等学府达成合作协议，以实现科研及其他多个领域的深度合作。通过实施创新驱动的“1122”倍增工程，成功建立了高新技术企业和科技型中小企业的培育库，并针对性地实施了“一企一策”的扶持政策，旨在推动科技型中小企业朝着“专精特新”的方向稳健发展。截至 2022 年，已成功吸纳了 1711 家科技型中小企业入库，并认定了 1 家独角兽企业、20 家瞪羚企业，同时拥有 955 家高新技术企业及 588 家“专精特新”企业。此外，赣州积极依托高新技术产业园区、科技企业孵化器、众创空间、大学科技园等重要平台，全面推进创新创业工作，紧密围绕“两城两谷两带”的主导产业及各地首位产业的发展需求，精心构建了一系列高效运作的创新平台载体，为区域经济的持续健康发展提供了有力支撑。目前，赣州已建设多个国家级和省级科技企业孵化器和众创空间，促进在孵企业的快速增长和科技成果的转化应用。然而，平台的综合服务能力和资源整合能力有待进一步提升，与市场的融合度也需要加强。

（2）政策支持与实施的落地问题

《赣州市科研创新平台三年行动计划》等政策文件为科技创新提供了明确指引和支持框架，促进了科技创新体系的构建。赣州目前拥有2个国家级高新技术产业开发区，2个省级高新技术产业园区，8个国家级科技企业孵化器和众创空间及36个省级科技企业孵化器和众创空间。预计新增3个国家级研发平台和创新载体、15个省级研发平台和创新载体；打造1个国家级重点实验室、21个省级重点实验室；2个国家工程（技术）研究中心、28个省工程（技术）研究中心、11个省技术创新中心。然而，政策执行过程中需要制定更精确的落实策略，以保障政策效应最大化，防止资源浪费。

（四）产业层次不高

1. 产业结构单一

近年来，尽管赣州在产业结构优化调整方面取得了一定进展，然而，仍需正视的是传统产业特别是资源型与低附加值产业依然占据相当大的比重。与此同时，服务业的发展特别是高附加值现代服务业的比重相对较小，这在一定程度上制约了经济的多元化发展。农业和制造业仍然是赣州经济发展的支柱，这种产业结构格局使得赣州经济在应对外部风险时显得相对脆弱，进而影响了其经济发展的整体质量和效益。

2. 新兴产业发展滞后

新兴产业，作为促进经济增长、提升经济发展质效的关键驱动力，近年来在赣州的发展中虽有所显现，但高技术产业所占比重尚显不足，对区域经济的增长贡献相对有限。

3. 产业链不完整

赣州在核心产业和高附加值产业方面相对匮乏，产业链尚未形成完整闭环，这在一定程度上制约了区域产业的协同合作效应及区域经济的集聚效应的有效发挥。同时，赣州的产业发展呈现出对外部市场的较强依赖性，部分企业在原材料和关键零部件的供应上仍需依赖于外部市场的采购，这使得赣州的产业发展面临着一定的不稳定性因素。

二、赣州产业发展未来展望

在新时代的发展机遇中，赣州从苏区振兴、粤港澳大湾区对接、创新驱动、数字经济发展等多方面入手，积极探索高质量发展的新路径，致力于成为区域性副中心城市和革命老区振兴发展的典范。

（一）推动新时代赣南苏区振兴发展

1. 全面落实新时代赣南苏区振兴政策

赣州将坚定不移地贯彻国家在新时代对革命老区振兴发展的系列政策，确保西部大开发、财税、投资、金融、人才等重大政策得到持续深入的贯彻与实施。赣州将振兴发展工作的核心聚焦于高质量发展，致力于进一步完善和优化支持政策体系，并积极争取国家在科技创新、产业发展、基础设施建设、开放合作等领域给予更大力度的支持，以推动赣州实现全面振兴和可持续发展。

2. 新对口支援政策

赣州正积极促进中央国家机关、省直单位、高等学府及科研机构对赣南苏区实施精准对口支援，力求在重大政策制定、重大项目推进、重大改革举措落实等方面获取更为有力的支持。同时，赣州将加快落实对口支援部委制定的各项配套扶持政策，深化"援县促市"工作，不断拓展对口支援的广度和深度。此外，赣州还将积极探索构建央地产业协同发展的合作机制，吸引中央企业来赣州开展对口帮扶工作，以进一步加快赣南苏区振兴发展的步伐。

3. 建立常态化工作推进机制

赣州秉持上下一心、协同发力的原则，积极推动国家和省级政府每年定期召开关于支持赣南等原中央苏区振兴发展的专题会议，深入研讨并协调解决涉及苏区振兴的重大事项。同时，赣州坚持开展"北上"常态化对接工作，旨在争取更多有利于苏区振兴的重大政策和项目得以有效落地实施。为确保赣南苏区振兴发展的重大政策落到实处，赣州还强化了政策落实情况的督促考核和跟踪问效机制，确保各项政策措施能够取得实实在在的成效。

（二）打造对接粤港澳大湾区的桥头堡

赣州将致力于构建革命老区与粤港澳大湾区合作的典范区域及内陆与粤港澳大湾区双向开放的先导区域。基于资源共享与优势互补的原则，赣州将全面融入粤港澳大湾区的发展格局之中。为深化与粤港澳大湾区城市的合作，赣州将建立并不断完善长效协商合作机制，进一步推进与粤港澳大湾区世界级港口群的开放合作，强化开放合作平台的构建与壮大，并提升服务平台的功能性。此外，赣州将积极采取多种举措，加强与粤港澳大湾区的文化交流，深化在文化旅游、农业、教育科研、医疗卫生及环境保护等领域的合作。通过这些努力，赣州旨在成为粤港澳大湾区文化传承的重要载体及国情教育培训的基地，为区域协同发展作出积极贡献[4]。

（三）推进创新驱动发展，建设创新型赣州

1. 建设高端研发平台

赣州将坚定不移地确立创新在现代化建设中的核心地位，致力于推动赣江创新研究院、稀土新材料国家实验室等高端研发平台的建设工作。同时，赣州将加快赣州高新区国家自主创新示范区、赣州稀金科创城等项目的建设进程，并不断提升国家技术创新中心、重点实验室等平台的建设水平。此外，赣州还将积极引进更多国家级科研机构和高水平科研院所落地，以进一步推动科技创新和产业升级，为赣州的经济社会发展注入新的动力。

2. 培育创新创业人才

赣州将创新人才引进、培养、使用、留住的机制，制定更加积极、开放、有效的人才政策，建设青年和人才友好型城市。通过“赣才回归”工程、引才引智基地等措施，吸引人才回流，鼓励高校、科研院所的科研人员在职或离岗创新创业，营造宽松的创新环境。

3. 强化企业创新主体地位

赣州致力于强化企业在创新中的核心地位，全面推动大中型企业设立研发机构，实现全覆盖。同时，积极实施高新技术企业倍增计划，并不断完善科技型企业的培育体系，以提升企业自主创新能力。此外，赣州积极支持企业牵头组建创新联合体，鼓励其承担国家、省、市重大科技项目，并切实落实企业研发活动的优惠政策。同时，还将推进装备首台（套）、材料首批次、软件首版次的示范应用，积极探索首购首用风险补偿制度。

（四）实体经济倍增升级，构建特色现代产业体系

1. 推动工业倍增升级

赣州将坚定不移地推动“两城两谷两带”主导产业的壮大与发展，深入实施产业集群提能升级计划，致力于强化产业链、延伸产业链、补齐产业链短板，全面提升产业发展质量与效益。通过精心构建“1+5+N”的重点产业集群发展格局，促进产业链、供应链、创新链、价值链的深度融合与互动，推动产业向中高端迈进。

赣州将集中力量推动现代家居产业产值实现翻番增长，同时，致力于打造电子信息、有色金属、纺织服装、新能源及新能源汽车、医药食品等五大产值超2000亿元的产业集群，为全市经济发展注入强大动力。此外，赣州将进一步巩固和提升稀土战略性产业的地位，全力支持中国南方稀土集团的做大做强，不断完善稀土全产业链体系，推动稀土新材料及其应用的研发与产业化，力争将赣州建设成为具有全球影响力的永磁电机生产基地。

2. 积极培育战略性新兴产业

赣州将坚决把握前沿领域的发展制高点，紧密追踪战略性新兴产业和未来产业的演进趋势，集中力量关注新一代信息技术、生命健康、新能源、新材料等重点领域，前瞻性地进行前沿科技和产业化应用的战略布局。同时，赣州将通过实施制造业与服务业融合发展专项行动，积极争创国家和省级“两业”融合发展试点，努力探索更多符合高质量发展要求的新路径。

（五）优化数字经济和现代服务业，提升城市竞争力

1. 推动数字经济发展

赣州将积极推进数字产业化和产业数字化进程，致力于构建革命老区数字经济高质量发展试验区，深入探索革命老区数字经济发展的创新路径与先进模式。为加速数字经济布局，赣州将加快5G技术的规模化商用和应用示范工作，构建完善的工业互联网云平台，并全力推进国家工业互联网标识解析二级综合节点的应用。此外，赣州还将大力推动传统产业的数字化转型，实施智慧农业、智慧物流、数字金融等重点工程，全面提升服务业的数字化水平。

2. 发展现代服务业

赣州正积极致力于推动高端化、专业化的生产性服务业和高品质、多样化的生活性服务业的蓬勃发展，旨在打造成为全国一流的旅游目的地。为此，赣州通过加强文旅融合，深入发展优质旅游，精心建设一批独具特色的旅游项目，如红色文化、宋城文化、客家文化等，以打造全国知名的旅游品牌。同时，赣州还将积极推进国家普惠金融改革试验区建设，全面推动保险、证券、基金等各类金融机构的发展，构建覆盖广泛、功能完备的全牌照金融服务体系。

（六）持续深化开放合作，高水平推进内陆开放试验区建设

赣州将坚定不移地融入国家重大区域战略，积极参与粤港澳大湾区、长江经济带等核心区域发展战略，以加快步伐与周边发达地区的产业协同发展，并全力推进中国（赣州）跨境电商综合试验区建设，致力于将赣州打造成为内陆开放的前沿试验田。

赣州，这座体量坚实、支撑稳固、风貌独特、潜力巨大的城市，正以其从容自信的姿态，充分展示着作为省域副中心城市的独特魅力。坚定目标，致力于打造“江西南部重要增长极”和“对接融入粤港澳大湾区桥头堡”，并沿着这一方向，坚定前行。赣州正通过实施大开放战略，推动经济社会的全面发展。构筑内陆双向开放的新高地，充分发挥“桥头堡”的战略优势，持续扩大高水平对外开放，深入推进科技创新开放合作，优化大企业地区总部聚集效应，进一步增强区域协调发展和区域辐射带动力，以开放包容的姿态拥抱新一轮的大发展。

第二章　赣州对接粤港澳大湾区产业协同发展新格局

随着全球化的不断深入和区域经济一体化的加速推进，区域融合已成为推动地方经济增长的重要策略。粤港澳大湾区(GBA)作为国家级战略的核心部分，不仅促进了南部地区的经济迅猛增长，也为周边城市带来了前所未有的发展机遇与挑战。

赣州，作为江西省的经济重镇，地处粤港澳大湾区的直接辐射区内，拥有得天独厚的地理位置和丰富的历史文化资源。在全球化和国家政策的双重推动下，赣州近年来不断扩大对外开放，与深圳等粤港澳大湾区城市积极合作，调整经济发展模式，加速产业结构优化。这些举措旨在发掘赣州新的经济增长点，并在区域协同发展中发挥更关键的作用。然而，赣州在这一过程中也面临产业配套不完善、创新能力不足和高端人才短缺等多重挑战，亟须通过系统性的策略规划和深入实践探索来解决。

本章将从以下三个关键维度全面分析赣州如何有效承接粤港澳大湾区的产业转移和实现协同发展：(1) 区域融合与产业协同发展。探讨赣州如何通过政策协调和战略布局，加强与粤港澳大湾区的经济联系和产业对接，实现区域内资源的最优配置和产业链的高效协同。(2) 产业链优化与企业竞争力提升。分析赣州如何通过产业链整合和技术创新，提升本地企业的核心竞争力，同时吸引粤港澳大湾区的先进制造业和高新技术企业，共同推动产业升级和经济转型。(3) 政策资源高效利用与企业支持策略。讨论赣州如何有效利用国家政策、地方政策及各种公共资源，支持企业发展，促进产业健康成长，同时解决企业在发展过程中遇到的困难和问题。

通过这三个维度的深入剖析，本章不仅将展示赣州在产业协同、人才引进和政策利用等方面的具体实践和成效，还将探讨在全球化和区域融合的背景下，地方城市如何有效利用外部资源，加快产业升级，推动经济高质量发展。此外，本章还将通过案例研究的方式，揭示赣州在区域融合和产业转型过程中的成功经验和面临的挑战，为其他同类城市提供可借鉴的策略和思路。

第一节　探析粤港澳大湾区的产业脉动

粤港澳大湾区，作为中国改革开放的先锋地区，正日益凸显其在世界经济版图中的特殊地位。这一区域不仅集纳了广州、深圳、珠海、佛山等中国经济的重要支柱，还融入了具有全球影响力的香港和澳门特别行政区。在国家战略中，这些城市群扮演着推动科技创新和经济一体化的关键角色。如同一串串璀璨的珠宝，这些城市镶嵌在珠江口，每一颗都散发着独特的光芒。

随着《粤港澳大湾区发展规划纲要》的逐步实施，区域内的城市联动效应日益显著。高新技术企业和创新人才的汇聚，为该地区的经济快速增长注入了强大动力。科技创新、产业升级和区域协同，正将粤港澳大湾区塑造成为全球创新的高地，以及优质生活圈的典范。在经济的快速发展过程中，粤港澳大湾区也面临着新的挑战和机遇。面对全球经济格局的变革，粤港澳大湾区的发展策略调整将对周边地区和全球经济产生深远影响。

一、粤港澳大湾区社会经济发展状况

（一）粤港澳大湾区的发展历程

粤港澳大湾区，涵盖广州、深圳、珠海、佛山等广东省内的九个重要城市，以及香港、澳门两个特别行政区，区域总面积达到56000平方千米，居住人口逾7000万人。最新数据显示，2023年该区域的地区生产总值突破11.02万亿元，充分彰显出其作为全国经济最为活跃地区的强大实力。

2019年2月18日，中共中央与国务院正式联合颁布了《粤港澳大湾区发展规划纲要》。这份具有高度指导性的文件，全文长达27000字以上，精心编排为十一章节，对粤港澳大湾区的未来发展进行了详尽且全面的战略规划。文件明确提出了建设国际科技创新中心的宏伟目标，并强调了加快基础设施互联互通的紧迫性。同时，还详细规划了构建具有国际竞争力的现代产业体系，以及推进生态文明建设的具体措施。此外，该文件还深入探讨了建设宜居宜业宜游的优质生活圈的重要性，并提出了紧密合作共同参与“一带一路”建设的战略部署。同时，强调了共建粤港澳合作发展平台的关键性，为未来的合作发展指明了方向。

（二）粤港澳大湾区的经济与产业现状

1. 经济发展的主要特征和指标

随着产业结构的优化升级及价值链的稳步提升，粤港澳大湾区已逐渐演化为高新技术企业的汇聚地，同时也是科技创新人才的摇篮。香港，作为国际知名的金融中心，能够为粤港澳大湾区金融资本的杠杆作用发挥关键作用，进而支持产业的深度发展，有力推动科技与金融的深度融合与集聚。尽管粤港澳大湾区占地面积仅占国土面积的不足1%，且区内人口数量也不足全国总人口的5%，但其经济贡献却显著，GDP占比高达全国的13%（经济数据来源于政府统计局）。

（1）如图2-1所示，2023年粤港澳大湾区各地区的生产总值（以亿元为单位）已清晰呈现。在经济规模的划分上，依据GDP数据将其分为三个层级。第一层级由香港、深圳、广州三座国际一线城市构成，其GDP均超过25000亿元，显示出强大的经济实力；第二层级则由佛山和东莞两座城市组成，它们的 GDP 均超过 10000 亿元，展现了稳健的发展态势；第三层级则包括六个城市，它们的 GDP 位于 2700 亿～5700 亿元之间，显示出该区域经济的多样性和活力。

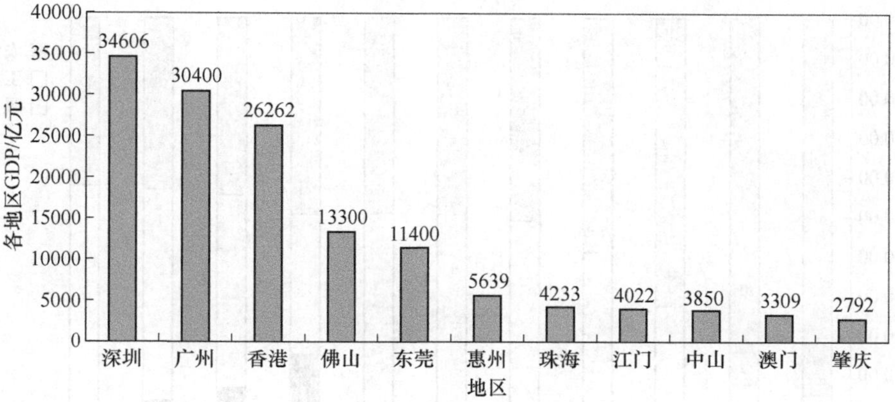

图 2-1　2023 年粤港澳大湾区各地区生产总值

（2）根据图 2-2 所展示的数据可以清晰地看到，湾区各区域在人均 GDP 方面存在着显著的差异。在人均 GDP 方面表现最为突出的香港和澳门，其经济水平已相当于已发展成熟的经济体。相较于粤港澳大湾区内的其他区域，澳门和香港的人均 GDP 分别高达最低人均 GDP 城市肇庆的 7. 97 倍和 7. 41 倍。值得一提的是，位于第一层级的三个城市的经济总量，达到了末位三个城市经济总量的整整 5 倍，这进一步凸显了湾区内部经济发展的不均衡性。

图 2-2　2023 年粤港澳大湾区人均地区生产总值

（3）根据图 2-3 所揭示的产业结构数据，港澳地区的产业结构显得尤为独特，其服务业占比均突破90%的显著水平。相比之下，广州市的服务业比重也较高，达到71%，紧随其后的是深圳市（58.8%）、东莞市（51.1%）及中山市（49.3%）。

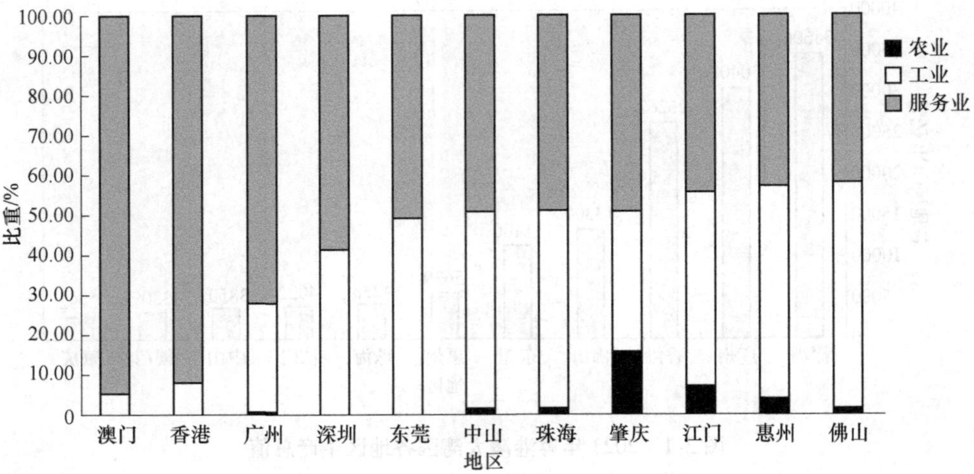

图2-3 2022年粤港澳大湾区各城市产业占地区生产总值比重

2. 产业发展现状与未来趋势

粤港澳大湾区城市产业梯度分明，呈现出协同升级的良好基础；创新活动以企业应用为导向，展现出强大的企业创新动能；人才吸引力持续攀升，人才链接机制逐步健全。其发展特点具体体现在以下几个方面：

（1）电子产业集群优势凸显，内部工业互补。从各城市的产业特色来看，珠江东岸地区（以深圳、东莞、惠州等城市为代表）高新技术制造业占比高，且增速迅猛，而西岸地区（包括佛山、中山、珠海、江门等城市）虽然占比和增速相对较弱，但也展现出良好的互补性。

（2）创新以企业应用为导向，企业创新动能强。从研发主体来看，广州和深圳等城市的创新活动多为企业驱动型，其中深圳工业企业自主创新投入占比接近九成，广州企业类研发投入占比达到64%，显示出强烈的创新动力。

（3）人才吸引力节节高升，人才链接逐步打通。在人才吸引力方面，近年来粤港澳大湾区人口流入呈现新一轮高峰，流入人口以高素质人才为主，包括部分回流的农民工和国内高精尖人才的加速流入，人才链接机制逐步打通，为区域发展提供了有力的人才支撑。

现阶段，粤港澳大湾区产业呈现出三大主要组团的发展格局。

第一组团，珠江东岸。以深圳和东莞为核心城市，引领该区域产业的发展。深圳产业正在进行结构优化，以“腾笼换鸟”的方式推动产业升级，然而受限于土地资源，部分产业已向外转移，对东莞、惠州等周边城市形成辐射效应，带动莞惠两地产业同步升级。

第二组团，广佛肇。该区域在汽车、房地产及上下游产业链方面具有显著优势。近年来，广佛地区的传统产业面临挑战，正在逐步向升级转型的方向迈进。而肇庆市则主要承担广佛两地产业转移的重任。

第三组团，珠中江。该区域的支柱产业较为分散，各具特色。中山市受益于东西岸交通连接的便利条件，其新区有望率先实现发展。而珠海市则凭借其独特的地理优势和资源禀赋，具备发展旅游产业集群的显著优势。

广东省主要支柱产业生产总值占比如图 2-4 所示。

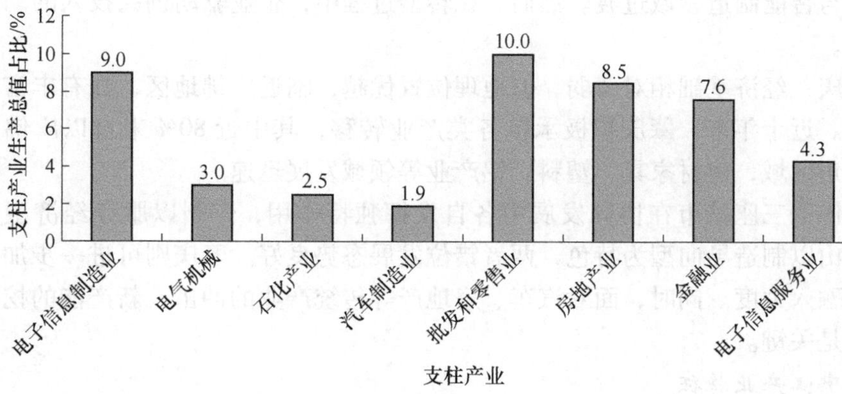

图 2-4　广东省主要支柱产业生产总值占比

3. 粤港澳大湾区产业特征和布局

深莞惠产业特征

深圳：在坚定推进产业持续升级的战略下，已成功实现由外贸加工向内生发展的深刻转变。作为国内民营上市公司数量最多的城市，深圳展现出强烈的创新和创业氛围，吸引了众多硬件导向和金融科技领域的“独角兽”企业汇聚于此。

东莞：过去以代工模式为主，但近年来得益于深圳产业的溢出效应，成功引进了华为终端、步步高总部、中子科学城等一批实力雄厚的深圳企业。这些企业的入驻为东莞带来了大量的科技研发成果制造业务。

惠州：以电子工业和石油化工为支柱产业，拥有丰富的土地资源，且与深圳、香港等地相邻，经济联系紧密。长期以来，惠州一直积极承接香港、深圳等地区的产业转移。

整体来看，深莞惠协同发展的最大挑战在于如何更有效地释放土地资源的潜力。为此，深莞惠三地正在积极采取措施，提升土地资源的利用效率。例如，东莞政府已经改变了过去“诸葛盘踞”的重镇发展模式，通过实施“一中心四组团”的整合战略，打通土地资源的流通渠道，推动跨政区的产业融合协作，以更好地匹配产业的发展需求。这些举措的实施将有助于深莞惠三地实现更加紧密和高效的协同发展。

广佛肇产业特征

广州：在贸易与汽车产业方面具有显著优势，且其作为区域交通枢纽的地位尤为突出。近年来，尽管汽车制造与批发零售等支柱产业增速有所放缓甚至出现负增长，但以新一代信息技术、人工智能、生物医药（IAB）和新能源、新材料（NEM）等为代表的新兴产业正持续发展，仍需进一步挖掘和释放新增长动能。

佛山：家电、纺织服装、陶瓷等传统支柱产业正在经历转型升级，逐步向产品研发与智能制造领域过渡。然而，在转型过程中，企业驱动创新投入的动力尚显不足。

肇庆：经济基础相对薄弱，但地理位置优越，临近广佛地区，拥有丰富的土地资源。近十年来，肇庆积极承接各类产业转移，其中近80%来自以广佛为主的珠三角区域，建材家具、塑料、铝产业等领域发展迅速。

广佛肇三座城市在协同发展中各自发挥独特作用，广州以服务经济型为主导，佛山以制造导向型为特色，两者错位发展态势良好。肇庆则可进一步加大对广佛的融入力度。同时，面对汽车、房地产等传统产业的冲击，新产能的挖掘与培育仍是关键。

珠中江产业特征

位于珠江流域西部的珠海、中山与江门三座城市，其支柱产业呈现出较为分散的特点。得益于东西两岸交通连接的不断优化，中山的合作平台有望更大程度地承接东岸地区的产业辐射效应；珠海则具备发展休闲旅游产业的坚实基础与显著优势；相比之下，江门的发展进程稍显滞后。总体来看，珠海、中山、江门三市在支柱产业方面呈现出一定的分散性，优势尚不明显。然而，中山新区在受益于东西两岸交通连接改善的同时，珠海在发展旅游产业集群方面展现出突出的优势。

港澳产业特征

香港与澳门均以高端服务业为主导，其中香港更是人民币的唯一离岸结算中心，同时也是吸引50%外资进入内地的重要通道。两地凭借其在国际贸易、金融、物流等领域的独特地位，对内地的发展具有至关重要的意义。此外，港澳两地还拥有丰富的资源和完善的配套设施。

4. 粤港澳大湾区产业布局

从粤港澳大湾区的城市功能定位来看，广州、深圳和珠海作为交通枢纽城市，在科技产业创新方面扮演着重要角色，主要聚焦知识密集型产业；而东莞、佛山和中山则以技术密集型产业为主导，是制造业创新的核心区域。香港作为国际金融、贸易和航运中心，发挥着引领粤港澳大湾区金融、商贸发展的重要作用；澳门则以其独特的旅游休闲资源和葡语国家商贸合作平台优势，成为粤港澳大湾区旅游和商贸合作的重要窗口。香港和澳门作为粤港澳大湾区的对外开放门户，通过金融、商贸、旅游等多方面的合作，积极推动粤港澳大湾区城市对外交流与发展。粤港澳大湾区各城市的产业规划定位详见表2-1。

表2-1　粤港澳大湾区各城市产业规划定位

城市名称	规划定位
广州市	枢纽型网络城市、国家科技产业创新中心
深圳市	“一带一路”交通枢纽、全球科技产业创新中心
珠海市	西岸的核心城市、粤港澳大湾区创新高地
东莞市	粤港澳大湾区先进制造业中心
佛山市	国家制造业创新中心、全球制造创新中心
中山市	世界级先进制造业基地、产业创新中心
惠州市	全面对标深圳东进战略，对接广州东扩发展
肇庆市	连接大西南的枢纽门户，粤港澳大湾区的西部通道
江门市	西翼枢纽门户，粤西与粤港澳大湾区的沟通桥梁
香港	国际金融中心、贸易中心、航运中心
澳门	世界旅游休闲中心

二、粤港澳大湾区产业发展的挑战与战略调整

（一）粤港澳大湾区产业发展的挑战

经过40多年改革开放，粤港澳大湾区的产业发展发生了巨大的变化。港澳地区主要以服务业为主，而珠江东、西岸分别发展成为电子信息产业和装备制造业的基地，这些产业推动了粤港澳大湾区在全球经济中的显著地位。然而，尽管取得了显著的发展成就，粤港澳大湾区在产业协同、创新及产业结构优化方面面临着挑战。

在粤港澳大湾区内部，产业协同性尚显不足，同质化竞争现象较为突出。特别是在电子信息产业、高端装备制造、新能源及新材料等关键领域几乎无一例外地成为了各城市发展政策的重要聚焦点。此外，珠三角地区的一些传统产业，如电子组装加工、金属冶炼和五金建材制造，仍在沿用劳动密集型和低附加值的生产模式[5]。

为应对这些挑战，广东省出台了《广东省制造业高质量发展“十四五”规划》，着重推进战略性支柱产业、新兴产业及未来产业的深度发展，致力于构建具有全球竞争力的先进制造业基地与创新资源集聚高地。这一规划旨在通过产业

升级和结构调整，提升粤港澳大湾区在全球经济中的竞争力，同时促进产业之间的协同发展，减少同质化竞争，推动粤港澳大湾区经济向更加可持续和高质量的方向发展。

(二) 粤港澳大湾区产业转移战略调整

当前，全球经济正处于艰难的复苏阶段，各国和各地的利益共享与风险共担机制尚不完善。从外部环境来看，由于制造业升级、工人薪酬提高，以及以美国为首的西方国家对我国制造业的打压，东南亚逐渐成为我国劳动密集型产业的热门承接地。2022 年，我国制造业人均工资为每年 61083 元，远高于东南亚国家；越南、印尼和印度等国制造业工人的薪酬仅为中国的 1/4 ~1/3。

从内部环境来看，粤港澳大湾区土地、劳动力等生产要素价格不断上升，资源环境承载能力减弱。部分劳动密集型产业开始向中西部地区转移。在此背景下，广东省出台了一系列新政策，指导新一轮产业有序转移，保障产业链安全。

据统计，近 15 年来，广东省先后实施了“双转移”战略（2008 年）、“三大抓手”和产业共建政策（2013 年）、“一核一带一区”发展格局（2018 年），以及“百县千镇万村高质量发展工程”（2022 年）。这些战略旨在推进省内溢出产业的有序转移，尤其是推动粤东西北地区有序承接粤港澳大湾区的产业转移。特别是自 2022 年起实施的“百县千镇万村高质量发展工程”，强调加大力度推进珠三角产业向粤东西北转移。

然而，调研发现，广东省多年来推行的产业转移战略虽然促进了劳动力向珠三角转移，但在粤东、粤西、粤北地区并未形成明显的产业梯度转移规模效应。珠三角地区一些企业往往跳过粤东西北，将生产、仓储、物流等环节直接布局到江西、湖南、广西等邻近省份，出现了明显的“蛙跳”现象。

(三) 赣州承接粤港澳大湾区产业转移的新机遇

2022 年 5 月，国家发展改革委印发《革命老区重点城市对口合作工作方案》，明确赣州与深圳建立对口合作关系，为赣州承接粤港澳大湾区产业转移带来历史性机遇。随后，广东省自 2022 年 12 月起实施“百县千镇万村高质量发展工程”等新政，引导省内产业转移，对赣州承接粤港澳大湾区产业转移产生一定影响。

赣州作为江西省连接粤港澳大湾区的内陆直接腹地，地缘相接、血缘相亲、商缘相连，拥有明显的区位、人口、土地和政策优势。特别是赣深高铁开通后，区位优势进一步凸显，给赣州带来了承接粤港澳大湾区产业转移的历史性机遇。统计显示，2020 年以来，赣州围绕电子信息、新材料、新能源、现代家居、生物医药和纺织服装等重点产业积极引进粤港澳大湾区的项目，2022 年引进粤港澳大湾区项目 261 个，签约金额 608. 53 亿元，实际投资 653. 34 亿元，项目个数和投资额均超过全市招商引资项目的七成。

例如，广东道氏技术股份有限公司在龙南市投资50亿元的年产5万吨钴镍和10万吨前驱体绿色智造项目，珠海格力电器股份有限公司在南康区投资50亿元的格力智能制造基地项目，广东科翔电子科技股份有限公司在信丰县投资20亿元的新建高端PCB智能制造工厂项目等重大项目落地。赣州正成为粤港澳大湾区劳动密集型和部分技术密集型产业的重要承接地。

第二节 国内城市对口合作实践与成效

国内城市对口合作由来已久。特别是深圳与哈尔滨、上海与大连、北京与沈阳等国内对口合作城市，以及广东省内对口帮扶城市在对接协调、产业合作、协同发展等方面已经取得一定成效，形成了一批典型经验做法，为深化赣州与深圳对口合作、加快承接粤港澳大湾区优质产业转移步伐提供了可学习借鉴的有益参考。

一、建立高效互动的对接协调机制

大连与上海每年共同举办科技对口合作交流活动，研究两市重点产业领域和特色资源，聚焦智能制造、节能环保、海洋生物等领域，开展科技成果转化项目路演，签订战略合作框架协议。大连共享上海数据资源，签署服务会员企业、入驻配套服务机构，促进科技对接和技术成果转化。

沈阳与北京创新实施“沈阳提需求、北京选干部”及“业务部门提需求、组织部门靶向选人”相结合的挂职干部选派方式。两市挂职干部队伍由厅局级和处级干部组成，重点从优秀年轻干部储备库中选派，制定挂职锻炼工作制度，组建挂职干部工作队，成立临时党支部，实行双向结对帮带机制，促进观念互通、思路互动、作风互鉴和办法互学。

二、建立互利共赢的产业合作机制

哈尔滨与深圳携手共建深哈产业园，该园区采取“政府引导、企业主导、市场运作、互利共赢”的运作机制，由深圳市属国有企业投资并控股，同时派遣深圳专业管理团队，旨在将深圳的先进经验与模式引入哈尔滨。这一模式的创新实践，特别是在招投标评定分离和创新型产业用地管理等方面，已在全市范围内得到广泛推广和应用。

广东省内的产业合作园区模式为深圳与赣州对口合作共建产业园区提供了示范。2022年，广东省实施“百县千镇万村高质量发展工程”，建立协作帮扶机制，强调由帮扶方主导合作园区的开发建设和运营管理，并共享收益。广清经济特别合作区、莞韶华南装备制造园、深汕特别合作区等园区在招商引资模式、合作共建方式和利益共享机制方面进行了一系列创新，提供了产业合作的示范参考和学习样板。广东省内部分跨区域产业合作园区见表 2-2。

表 2-2　广东省内部分跨区域产业合作园区一览表

合作区名称	基本情况简介	重点引进产业
深汕特别合作区	2018 年起由深圳全面负责建设管理，深圳市委、市政府全面主导深汕特别合作区经济社会事务，按照“10 + 1”（深圳 10 个区 + 深汕特别合作区）模式给予全方位的政策和资源支持	重点发展智能网联汽车、智能机器人、安全节能环保、新材料、海洋产业、新能源装备制造等六大产业集群
深圳宝安（龙川）产业转移工业园	对口帮扶模式，深圳宝安区与河源市龙川县合作共建，实行“总部 + 基地”“研发 + 生产”“创新 + 孵化”的产业合作发展模式，致力打造成积极参与粤港澳大湾区新兴产业链分工的“智慧园区”“低碳生态园区”	致力推动电子电器、空气能、钢结构等多产业融合发展
深圳（河源）产业转移工业园	深圳市和河源市对口帮扶、合作共建的省级产业转移园，是广东省十大重点扶持园区，致力打造环珠三角新兴产业集聚地	重点发展新材料、高端装备制造、新一代电子信息、汽车配件及生命健康等产业
深圳大鹏（河源源城）产业转移工业园	对口帮扶模式，由深圳市大鹏新区与河源市源城区结对帮扶共建	主要发展新一代电子信息产业、食品饮料和水产业、先进材料产业和现代轻工纺织产业
广清产业转移工业园（广清经济特别合作区）	对口帮扶模式，由广州市黄埔区派驻团队主导投资建设、开发运营，两地共同招商引资，实行“黄埔总部 + 清远基地”“黄埔研发 + 清远制造”“黄埔孵化 + 清远产业化”的产业发展模式	重点引进先进制造业、现代生产性服务业等广州溢出产业
广佛肇（怀集）经济合作区	由广州、佛山、肇庆三市携手共建，旨在推动广佛肇经济圈产业实现深度分工合作、优势互补、互利共赢和协同发展的目标	重点引进食品饮料、金属加工、生物医药等主导产业
广州增城（梅江）产业转移工业园	由广州市与梅州市合作共建	重点引进电子信息、健康医药、互联网技术应用、新材料等产业
东莞（韶关）产业转移工业园	对口帮扶模式，由东莞、韶关两地共建	重点发展装备制造业

三、建立优势互补的协同发展机制

长春与天津为满足大规模大宗货物海上运输和跨区域物流业合作需求，合作推动开通了长春兴隆铁路口岸至天津港的双向海铁联运班列，为两地企业“引进来”“走出去”提供了重要保障，进一步丰富和完善了两地互联互通与合作发展。

大连与上海两地高校、科研院所、企业等各类创新主体，在基础研究及科研成果转化等领域深化合作，全方位开展科技研发与转化合作，大力推进高校、科研院所与地方联合共建研发和服务中心，促成两地一系列重要合作项目落地实施。

第三节　赣州承接粤港澳大湾区产业转移的机遇与挑战

立足赣州和粤港澳大湾区发展实际，分析赣州承接粤港澳大湾区优质产业转移的优势和劣势，以及可以形成优势互补、合作共建的产业发展重点领域，特别是粤港澳大湾区可能产生的溢出效应，为赣州承接粤港澳大湾区优质产业转移提供指引。

一、赣州承接粤港澳大湾区优质产业转移的优势

(一) 政策优势叠加

国家发改委印发《革命老区重点城市对口合作工作方案》，深圳与赣州建立对口合作关系上升为国家战略，深赣两地对接合作更加密切，为赣州在更高层次上承接和融入深圳产业发展创造了良机。赣州先后获批商贸服务型国家物流枢纽、革命老区交通运输高质量发展先行示范区建设试点等一批重大平台（试点），赣州延续执行西部地区的企业所得税政策，这些事关长远发展的重大政策措施，使得赣州这片“政策高地”迅速变为“投资洼地”。

(二) 区位优势明显

赣州地处粤港澳大湾区直接腹地，是赣粤闽湘四省通衢、海西经济区重要组成部分。作为江西唯一的省域副中心城市，成为我国举足轻重的全国性综合交通枢纽城市，拥有四省边际区域最大的民用支线机场，航线网络覆盖广泛，直飞北京等三十余个国内重要城市，随着赣深高铁的建成通车，赣州与粤港澳大湾区城市交通联系日益通畅，未来还将形成京港高铁和渝长厦高铁的十字形枢纽，区位优势更加凸显。尤其是近年来，赣州大力推进以赣州国际陆港为核心的口岸建设，主动与粤港澳大湾区国际大港开展合作，在全国首创“跨省、跨关区、跨陆海港”的通关新模式，开通赣深城际高速货运班列“融湾号”，进一步拉近了“老区”与“湾区”的距离。区位优势将对区域合作带来更多机遇，极易成为粤港澳大湾区高端资源要素转移的汇聚高地、新兴产业的重要承接地。

(三) 综合实力亮眼

赣州面积 3.94 万平方千米、986 万人，国土面积、人口分别占江西省的 1/4 和 1/5，是江西区域面积最大、人口最多的设区市，以赣州为圆心，方圆 200 千米 2000 万人口区域内，尚无一座特大城市。与粤北地区城市相比，赣州的人口

规模、经济总量、产业发展，以及国家级经开区、综合保税区、国家级高新区、国家级科创平台、本科院校、三甲医院等数量均超过韶关、河源、梅州等地。2022 年 9 月，第二十二届中国国际投资贸易洽谈会首次发布《中国投资热点城市报告》，赣州作为 18 座城市之一成为中国城市投资的"新燃点"。

（四）市场前景广阔

赣州"低成本创业、高品质生活"的成本优势明显，据调研了解，赣州工业地价、工人平均工资等均低于粤港澳大湾区城市，具有较好的投资性价比，适合承接粤港澳大湾区电子信息、纺织服装、家居、食品加工等劳动密集型产业。同时，赣州稀土、钨等资源丰富，承接发展金属材料加工、新材料等战略性新兴产业优势明显，资源禀赋契合度高，是粤港澳大湾区供应链上的重要环节，有望成为粤港澳大湾区绕不过的发展要素供给保障基地和产业转移目的地。从赣州制造业企业调查问卷来看，企业选择落户赣州的因素依序是用地成本较低（54.84%）、税收较优惠（41.94%）、用工成本较低（38.71%）。此外，赣州幅员辽阔，人流量庞大，市场潜力巨大，随着基础设施的持续完善和区域经济的快速发展、营商环境的不断优化，赣州逐渐成为吸引投资和人才的新兴热点，发展势头正猛、潜力无穷。深赣港产城特别合作区、赣粤产业合作园区、深圳科技园赣州分园等开放平台，也为两地合作打下了坚实基础。表 2-3 为赣州与粤东、粤西、粤北工业投资要素成本对比。

表 2-3 赣州与粤东、粤西、粤北工业投资要素成本对比（截至 2023 年 6 月）

城市	工业地价/万元·亩$^{-1}$	标准厂房租金/元·平方米$^{-1}$	工业用水/元·吨$^{-1}$	工业用气/元·立方米$^{-1}$	工人平均工资/元·月$^{-1}$
赣州	9.07	10～14	2.18	4	3500～4500
河源	19.53	7～15	1.63	4.5	4000～4500
韶关	20.86	8～16	2.48	3.8	3000～3500
清远	42.73	12～18	2.73	4.13	4500～5000
汕头	73.46	10～30	2.64	5.08	5000～6000

二、赣州承接粤港澳大湾区优质产业转移的劣势

（一）产业配套尚不成熟

由于赣州产业起步较粤港澳大湾区等经济发达地区晚，存在产业发展链条不完善、龙头企业带动效应不强、价值链不够高等问题，相关配件的采购成本和交通物流成本或将抵消赣州在土地、人力、资源等方面的成本优势。调查问卷显示，在深制造业企业选择深圳的最大因素是产业链供应链完备（占比 79.41%），有近 20% 的已落地赣州制造业企业表示不满意赣州产业的配套环境。例如，目

前赣州缺少传统机械制造产业基础，在承接发展家用电器、汽车零部件、机电等装备制造及医疗器械产业方面难度较大。同时，一些投资额较大的项目投资方在洽谈项目过程中要求提供较高的产业基金配比、财税补贴等扶持政策，县（市、区）往往难以满足，导致项目难以落地。

（二）发展动能支撑不够

赣州虽然拥有中科院赣江创新研究院、重大疾病新药靶向发现及新药创制全国重点实验室等重大科研平台，但是科技赋能产业发展不足，全市规上工业企业有研发活动的企业仅为29.59%、有研发机构的企业仅35.79%，与江西省委全覆盖的要求差距甚远。总体来看，产业创新软实力不够强，能够起到引领一个产业、带动一个学科的顶尖科技领军人才和创新团队非常稀缺，产业竞争力较弱。此外，赣州现代物流、人力资源、数字金融、工业设计、会计审计等生产性服务业发展明显滞后，为产业链提供专业化、一体化、现代化的生产服务需求差距较大，难以支持优质产业转移快速集聚发展。

（三）政策优势面临对冲

2022年12月，广东省实施“百县千镇万村高质量发展工程”，推动建立多层次、全覆盖的新型帮扶协作机制，珠三角地区与粤东、粤西、粤北地区45个县（市），以及惠州、江门、肇庆的12个县（市）全面建立县级结对帮扶关系。与以往相比，此轮广东省内帮扶协作范围更广、举措更实。在此背景下，深圳、东莞对口帮扶（合作）任务将更加繁重，给深圳—赣州、东莞—吉安对口合作带来体制机制上的现实考验。此外，深圳、东莞等地先后出台“20+8”产业新政、工业上楼等政策，用地保障、惠企政策、招商安商、金融支持等配套措施更加明晰，将加大内地承接粤港澳大湾区产业转移难度。2024年1月，广东省正式颁布了《广东省制造业高质量发展促进条例》，此举标志着全国范围内首个致力于加快推进新型工业化、构建制造强省的专项立法诞生。该条例的出台，旨在通过法律手段为广东省坚守实体经济为主、制造业为主导地位的发展战略提供坚实而有力的法治保障。综上可以看出，赣州在对接融入粤港澳大湾区上机遇和挑战并存、优势和劣势同在，正处在蓄势待发、爬坡过坎、追赶进位的关键阶段。面对新形势新任务，更需要走在前、勇争先、善作为，在“融湾”中展现新作为、实现新发展。

第四节　推动赣州快速融入粤港澳大湾区的战略规划

习近平总书记考察江西时强调，“要深化对内对外开放，以开放促发展，打造内陆地区改革开放高地”“主动对接和服务长三角一体化发展、粤港澳大湾区建设，增强对资金、技术、人才等的吸引力”。赣州要打造对接融入粤港澳大湾区桥头堡，必须抢抓深圳与赣州对口合作机遇，充分发挥比较优势，大力实施“双招双引”，积极承接粤港澳大湾区优质制造业产业转移，优化提升营商环境和配套政策，把赣州真正打造成为粤港澳大湾区城市配套便利、成本更优、产业协同的“产业特区”。

一、区域融合与产业共生

（一）健全对接协调机制，推动深度融入粤港澳大湾区城市

对接融入粤港澳大湾区，是一项复杂的系统工程，需要各方打破壁垒、加强合作，建立健全多元化、多层次的对接协调机制，以利益共享为基础，打通与粤港澳大湾区的要素流动通道，形成统筹有力、协调高效、共享共赢的区域合作格局。建议发挥深赣对口合作优势，以及与广州、东莞、佛山等城市签订战略合作协议的契机，在政府层面搭建多层次经贸交流合作平台，争取与粤港澳大湾区主要城市建立涵盖双边合作主要领域和主要部门的合作交流机制，常态化开展“粤企入赣”“大湾区企业家赣南行”等活动，推动更多的机构和平台成为赣州招商和产业融湾的合伙人，为企业合作交流提供便利。同时，加强赣粤人文交流，发挥好世界客属第32届恳亲大会在赣州龙南召开的影响力，打好客家“亲情牌”，全面摸排粤港澳大湾区的客属企业，建立赣州籍企业家、企业商协会等常态化沟通联系机制，进一步提升招大引强的针对性和实效性；围绕看客家围屋、尝客家美食、赏客家民俗等客家元素，策划客家“寻根之旅”，精准吸引粤港澳大湾区游客。

（二）强化产业布局统筹，推进与粤港澳大湾区产业协同发展

区域产业集中化程度、产业成长阶段、产业规模化程度直接影响产业聚集与关联程度，继而影响产业转移黏性，但产业转移黏性过高，会造成地区优势过于集中，不利于区域经济协调发展。因此，需要各地根据产业基础、市场前景、自然条件，因地制宜发展特色优势产业，构建“抢位发展、错位联动、全面统筹”的产业发展格局。建议成立产业发展协调委员会，按照“规划引领、政府引导、市场化运作”的原则，统筹市域层面的产业布局、基础设施建设和重大项目招商。系统梳理赣州制造业重点产业链存在的结构性短板，围绕粤港澳大湾区新型电子元器件、5G新材料、光电显示、芯片封装、新能源汽车、大数据、生物医药等优势产业，做好赣州先进制造业规划、战略性新兴产业规划及规划落地衔接工作，推动各县（市、区）形成主导产业鲜明、分工协作有效、与粤港澳大湾区产业协同的产业发展格局。探索建立有利于鼓励各县（市、区）按全市产业规划布局抓产业发展的考核机制，建立市域内企业搬迁或增资扩产的财政利益分配机制，引导各地根据各产业园区的发展基础和主导产业，开展精准招商，推动

实现特色化、差异化发展。建立招商项目（制造业）评估体系，从产业质量、环保、投入、效益、科技含量等方面设置评分指标，加强对招商项目的准入评估，提高亩均效益，全面提升园区规划发展空间、管理服务水平、要素保障能力，吸引优质企业落户赣州。

（三）共建产业合作园区，打造特色鲜明的承接产业转移主平台

合作共建园区作为特殊的经济和产业载体，不仅有利于发达城市拓展城市空间，促进产业结构合理升级，更有助于加速落后地区产业发展，促进区域协调发展。建议学习借鉴深哈产业园、广清经济特别合作区、深汕特别合作区等对口合作城市及广东省内产业合作园区在招商引资模式、合作共建方式和利益共享机制方面的创新做法，加快推进深赣合作共建“飞地”产业园区、赣粤产业合作区建设。采取“政府引导+市场主导”的运行方式，加快组建“飞地”产业园区管委会、平台公司和项目公司，探索设立深赣产业合作基金，选准主导产业，招引龙头企业入园投产，带动配套企业落地，力争用2~3年的时间形成良好的产业生态、创新生态、人才生态，打造成为对口合作的标杆园区。加强符合本地园区发展的政策供给，完善共建中所需的各项公共服务，积极推动规则标准互认、要素资源互通、公共服务共享，创造良好的企业发展环境，努力为土地、人才、资金等要素的自由有序流动提供更加可靠的保障，共建相较于深圳具有综合成本竞争优势的“产业飞地”。抢抓深圳打造“新一代世界一流汽车城”的机遇，探索“深圳总部+赣州基地”“深圳研发+赣州生产”等产业合作模式，推动合作共建汽车产业园，加强在产业投资、金融服务、科技创新、园区运营、人才交流等方面的合作对接，进一步推进项目融、投、建、运实质性落地。

（四）夯实产业发展支撑，优化基础设施布局

加快推进交通基础设施、现代物流、产业平台等建设，对于推动区域经济合作具有重要促进作用。建议以基础设施互联互通为抓手，全方位对接融入粤港澳大湾区建设，率先承接粤港澳大湾区优质要素资源外溢。加快推进长赣高铁、瑞梅铁路、赣州至安远、寻乌高速公路建设，规划建设赣韶、赣广和赣龙厦高铁、桂赣高铁、赣郴永兴铁路，推进赣州黄金机场三期改扩建，加快城市高架、轨道交通建设，形成四通八达的立体交通网络，畅通赣州与粤港澳大湾区、海西经济区人流、物流、资金流、信息流的“大动脉”，推动赣州加快融入粤港澳大湾区2小时经济圈。深入推进产城融合，在加强各类工业园区道路、供水、供电、环保、新基建等基础配套设施建设的同时，完善园区内部或周边区域的购物中心、住宿餐饮、医疗教育、文化娱乐等公共服务设施的规划建设，将园区打造成集生产、生活、娱乐于一体的新型社区，提升园区的承载力和吸引力。持续推进与粤港澳大湾区口岸互联互通，常态化运营赣州国际陆港深圳、广州方向铁海联运班列，以赣州国际陆港获批进口贸易促进创新示范区为契机，探索“口岸+综保

区＋综试区＋示范区”试点示范创新，推进“保税＋中欧班列”、进口汽车保税仓储等新模式，大力发展跨境电商、海外仓、保税加工制造等口岸经济。特别是要在跨境电商上持续发力，积极引入速卖通、SHEIN、TEMU 为代表的跨境电商平台，培育本地高质量的外贸服务企业，优化物流、信息流通道，支持其通过AI 技术抢订单、抢流量，打造集国内外直播、短视频制作、主播培训为一体的直播电商生态圈。

（五）持续优化营商环境，着力打造与粤港澳大湾区无差别的营商环境

营商环境是城市核心竞争力和吸引力的重要体现，营商环境好，企业信心强，城市发展动力就足。建议进一步对标粤港澳大湾区，学习借鉴粤港澳大湾区行政审批、运营管理、企业服务等改革经验清单，加快建设数字政府，全力优化涉企审批服务环境，降低企业制度性交易成本，力争用 3～5 年的时间建设成与粤港澳大湾区无差别的营商环境。以更优的服务营造更优的营商环境，探索建立“一站式”政务服务驿站，做优集成式、一站式服务功能，深入推进企业投资项目“最多跑一次”改革，为重点企业、重点项目提供“全程式、跟踪式、保姆式”服务，最快速度解决空间、审批、融资等瓶颈制约。完善领导干部联系企业制度，全力支持民营企业放开手脚、大胆发展。持续选派优秀干部到粤港澳大湾区机关和企业跟岗锻炼，推动广大干部在思想观念、体制机制、发展规划、政策措施等方面全面对接融入粤港澳大湾区。加大专业人才引进和储备力度，加快提升专业能力、培养专业精神，紧跟产业发展态势和趋势，不断加强技术积累、经验沉淀、人才锻炼，努力打造一支懂产业、懂资本、懂运作投行队伍，换位思考“粤港澳大湾区需要什么”“赣州能为粤港澳大湾区做什么”，为动态调整赣州产业发展规划和政策措施发挥“前哨站”“连心桥”作用。

二、链条强化与企业赋能

（一）坚持产业集群发展，促进企业建链补链延链强链

产业集群发展将推动产业链上下游企业配套协作、相互促进，有利于提高产业的整体竞争力、促进创新和协同发展。建议大力实施制造业重点产业链现代化建设“7510”行动计划，以更大力度推动新兴产业建链、短板产业补链、优势产业延链、传统产业强链，走出一条具有赣州特色的现代化产业发展之路。以产业链链长制为牵引，聚焦赣州制造业重点产业链和先进制造业集群，精心绘制产业链全景图谱，建立产业链上下游及其配套产业的重点招商项目库和招商企业目标库，开展产业链精准招商，既大力招引“头部企业”，推进重大战略合作，又突出缺什么引什么，有针对性引进上下游配套企业，促进上下游、产供销、大中小企业整体配套，实现“上下楼就是上下游，产业园就是产业链”。比如，学习借鉴重庆市笔记本电脑产业和汽车产业集群招商经验做法，按照“垂直整合一体

化”方式，将品牌商、代工企业、零部件配套厂一体化推进，不断壮大产业集群。主动参与粤港澳大湾区创新链、产业链、价值链分工合作，甘当粤港澳大湾区战略性新兴产业集群的配角，集中力量招引一批投资体量大、产业质态优、科技含量高、市场前景好的头部企业、链主企业，并发挥链主企业引领作用，吸引核心配套企业落地赣州，推动构建与粤港澳大湾区分工协作、创新协同、供应链互通的协同发展产业生态。比如，新能源及新能源汽车产业集群，可考虑引进新能源汽车动力蓄电池综合回收利用、快速充电桩、专用传感器研发制造等企业，着力构建相对完整的产业链条，以产业集群发展推动集群式产业转移。同时，围绕产业链布局创新链，充分发挥中国科学院赣江创新研究院等科研机构创新集成作用，推动产业科技深度融合，支持现代家居、有色金属和新材料、电子信息等制造业重点产业链集聚壮大、增创优势[6]。

（二）精心培育链主企业，增强链主企业的带动效应

链主企业处于产业链关键环节，在产业链供应链中位居主导地位，具有强大的核心竞争力，能够像“头马”一样，起到“探路、引领、守护”的作用，引领整个产业链协同创新发展。建议围绕我市制造业重点产业链，出台实施重点产业链链主企业培育三年行动计划，优化产业链梯度培育体系，强化本土独角兽、单项冠军、专精特新企业培育，引导更多具有“独门绝技”的企业成长为链主企业。结合企业规模、产业带动能力、自主创新能力等多个方面要素综合考察企业整体水平，明确链主企业和潜在链主企业认定标准，分类开展链主企业遴选和培育工作。对于认定为链主企业和潜在链主企业，加大政策支持和要素保障力度。比如，支持链主企业与科研院所紧盯行业前沿和市场需求开展联合攻关，对攻破的“瓶颈”技术和产品研发费用给予一定比例的补助；鼓励链主企业延伸产业链条，成功招引建设强链补链延链项目的，享受项目所在地招商引资奖励政策；鼓励链主企业对上下游配套企业进行重组、改造，产生的资产评估、财务审计等费用给予一定补助；对具备较高自主创新能力、成长性较强的掌控细分领域和关键环节的专精特新、单项冠军、“小巨人”企业给予产业引导基金等支持，加快培育发展成为链主企业，增强产业链各环节、各要素之间的黏性，提升产业链供应链韧性和安全水平。

（三）强力开展招大引强，掀起大抓招商、大抓项目热潮

招商引资是促进经济发展、增加就业机会、改善民生福祉的关键环节，抓招商就是抓发展、谋未来。建议深化招商引资“一把手”工程，选好配强招商力量，常态化派驻到粤港澳大湾区驻点招商，关心关爱招商干部，把招商实绩同干部选用、企业奖励、考核奖惩相结合，对招引工作实行周调度、月通报、季评比、年考核，建立全员招商体系，树立“人人身上有担子、个个肩上有责任”的工作导向，引进更多专业化招商企业和人才，凝聚招商合力，营造全员谋项

目、人人抓招商、齐促大发展的浓厚氛围。聘请专业咨询机构协助开展招商评估分析，提高项目招商的精准度和效益性。创新开展资本招商、科技招商、以商招商、牌照资源补缺式招商、收购兼并式招商等多种招商引资模式，推行“一个专业园区、一名市级领导、一个招商部门、一支专业队伍、一套推介手册”的“五个一”机制，瞄准世界、中国、民营企业的“500强”企业，全力对接国内行业协会、产业聚集地、行业领军企业，多维度、全方位宣传赣州产业规划、税收、人才、融资等政策，千方百计抢先机、争项目。建立签约项目落地跟踪服务机制，开展“项目促落地”和“投产回头看”专项行动，突出项目落地实效、产出实效，推动项目达产达效。

(四) 加强人才引进与产业链深度融合，促进人才与产业精准对接

人才是第一资源。各地把招才引智摆在重要位置，大力实施人才优先发展战略，大力度识才、聚才、育才、用才、留才，甚至频频上演“抢人大战”。建议充分发挥情怀与机会的双重力量，多渠道、多维度拓宽产业招引的渠道、方式和对象，常态化开展赣商赣才返乡洽谈等系列活动，围绕赣州制造业重点产业链，完善人才需求目录，建立相应的产业人才库，积极为企业与人才交流合作牵线搭桥，推进人岗相适、人尽其才。大力实施“引才入赣、人才留赣”行动，推行高层次人才“双聘制”“周末工程师”等柔性引才机制，打破身份、编制、社保等壁垒，实行年薪制、项目工资制、股权激励等多元化薪酬制度，吸引粤港澳大湾区等发达地区高层次人才以“双聘制”兼职形式或利用周末时间到赣州创新创业，以项目引才、合作引才、兼职引才等方式“破阵出圈”，逐步形成“引进一个领军人才、集聚一个高端团队、兴办一个优质企业、带动一个新兴产业”的链式效应，切实解决高层次人才引进难、留不住的问题。持续在深圳等粤港澳大湾区城市合作建设更多的科创中心、研发平台，在赣州建设科研成果转化示范基地，实现“研发在大湾区、中试生产在赣州”。旗帜鲜明打出“拿大湾区城市工资、住赣州宜居房子、干全国先进制造事业”的口号，及时兑现人才住房补贴、生活补贴等政策，用心解决人才居住、子女入学等“关键小事”，坚决消除人才的“后顾之忧”，真正做到用事业留人、用感情留人、用环境留人，营造重才、爱才、惜才、扶才的浓厚氛围，吸引和集聚更多赣商和高层次人才来赣州投资兴业、创新创业。

三、高效利用政策资源

政府政策扶持对于企业发展，特别是促进中小企业发展，提升其市场竞争力，具有重要作用。建议全面梳理优化赣州支持制造业高质量发展的政策措施，剖析赣州工业地价、标准厂房租金、用工成本、税收奖补等惠企政策的优势和不足，分产业类别出台有针对性、差异化的扶持政策，并实行动态调整。特别是解

决产业链供应链缺失、人才招引难、融资难、园区配套环境不优及工业用电、用气、物流成本偏高等问题，引导粤港澳大湾区优质企业有序转移至赣州。比如，学习借鉴“合肥模式”[7]，发挥国有资本平台和政府产业引导基金作用，精准扶持赣州重点产业发展、重大项目引进，更好发挥资本招商作用，以产业引导基金促产业、引项目、扩投资，建立健全产业基金投资容错纠错机制，激励广大党员干部敢为善为；用好各类政策性金融工具，实施政府和社会资本合作新机制，进一步深化基础设施投融资体制改革，加强“金融活水”与产业发展耦合，建立和完善不同层次的企业金融服务体系，促进政策资金精准赋能企业高质量发展；探索灵活供地政策，推广工业用地“标准地”出让、“工业上楼”“零增地”技改、新型产业用地 M0 等模式，加速激活盘活存量资源，大力提升产业承载空间；深化科教融合、产教融合，支持龙头企业举办高质量职业教育，与高校等共建共享现代产业学院、产业工程师学院、高技能人才培训中心等，推进新型产业工人队伍建设，解决用工难问题；实施先进制造业企业增值税加计抵减等政策，聚力支持集群产学研协同创新、产业基础再造和重大技术装备攻关、优质企业竞争力提升、集群服务体系构建及人才引育等；推动物流提质增效降本，吸引粤港澳大湾区的大型企业集团、产业龙头企业在赣州设立采购中心、物流中心、分拨中心、营运中心、销售中心，集聚同类企业的区域功能；学习借鉴“苏州政策计算器”经验做法，依托“亲清赣商”惠企政策兑现平台，优化完善“免申即享、即申即享”机制，实现惠企政策兑现全流程标准化办理，打通惠企政策兑现“最后一米”；广泛开展“圆桌会”“企业服务日”等活动，深入企业开展政策宣讲，提升惠企政策知晓度，尽心尽力帮助企业解决实际困难，提振企业发展信心。

第三章 赣州与粤港澳大湾区共建产业园区新模式

粤港澳大湾区作为中国经济发展最具活力的地区之一，凸显了其独特的战略地位和发展潜力。这一区域不仅是国家发展战略的核心组成部分，还在全球经济竞争中发挥着至关重要的作用。与此同时，赣州凭借其地理优势和政策扶持，正在逐步成为连接华中与华南，尤其是与粤港澳大湾区的重要枢纽，成为江西融入粤港澳大湾区的桥头堡。

本章将深入分析赣州如何通过与粤港澳大湾区共建产业园区，促进区域间的资源共享与产业互补，从而整体提升区域经济的竞争力。赣州与粤港澳大湾区的产业园区共建，不仅仅是地理拓展，通过这个平台，赣州能够吸引粤港澳大湾区的资本、技术和管理经验，优化本地经济结构，同时也为粤港澳大湾区企业提供新的市场空间和成本优势，共同探索可持续发展的新模式。

产业园区的建设使得两地在制造、现代服务业、生物医药等领域的合作更加紧密。这些产业集群的共建不仅促进了产业链的延伸，而且带动了技术创新和人才培养的显著增强。同时，赣州对外开放程度通过与广州、深圳等粤港澳大湾区城市的合作不断提升，进一步融入全球经济体系，吸引外资企业投资，提升城市服务功能和居民生活质量。

对粤港澳大湾区而言，与赣州共建产业园区能有效缓解沿海地区的土地和环境压力，实现资源和产业的优化配置。粤港澳大湾区企业向赣州转移，不仅能享受政策优惠和成本下降，还能够在赣州丰富的资源中寻找新的生长点，实现长期发展。

此外，两地在技术交流、人才培训、创新合作方面深入合作，通过设立研发中心和创新平台，共同推动关键技术研发和产业化项目。优化商业环境和政策引导，促进更多高端制造园区产业和现代服务业聚集，为区域经济发展注入新动力。

总之，赣州与粤港澳大湾区共建产业园区是对接国家战略、实现区域经济深度融合的有效途径。这些措施旨在为赣州与粤港澳大湾区的持续合作提供坚实的战略支持，共同打造区域经济发展的新高地，通过地区间的战略合作实现互惠共赢，推动经济社会的共同繁荣。

第一节　赣州与粤港澳大湾区结对共建产业园区的现状分析

产业园区是依据区域经济发展的内在需求，通过行政手段与市场化机制等多种途径，汇集并科学整合各类生产要素于特定空间范围内，进而构筑成一个结构层次合理、产业特色显著、集群竞争优势突出、功能布局优化的现代产业协作生产区。随着《粤港澳大湾区发展规划纲要》的稳步实施，粤港澳大湾区内各大城市将进一步推动产业结构的转型升级，产业与科技的溢出效应将日益显现，从而为赣州产业园区的持续发展带来前所未有的重大契机。

一、推进与粤港澳大湾区结对共建产业园区的重要意义

（一）抓住区域开放合作时代机遇的重要抓手

粤港澳大湾区，位列纽约湾区之后，位居世界湾区经济体系第二席，其兴盛发达对于国家整体发展大局具有举足轻重的地位。然而，要全面构建、稳固并充分挖掘粤港澳大湾区经济的综合竞争优势，促进与毗邻区域的和谐共进，进而提升粤港澳大湾区在助推国家经济进步与扩大对外开放中的支柱作用，实现双向辐射的战略布局，并成长为具有世界影响力的战略及产业集聚高地，则必须获得邻近各省区的鼎力支持与协同配合。

江西是粤港澳大湾区相邻的省区，是粤港澳大湾区的延伸腹地的重要门户，近几年来江西把粤港澳作为招商引资、招才引智的重要目的地。其虽然地处内陆，但孕育了历久弥坚的开放基因，2020 年 4 月，国务院批复同意设立江西内陆开放型经济试验区。而赣州作为江西省对接融入粤港澳大湾区的最前沿阵地，同时也是粤港澳大湾区与内陆联动发展的核心腹地。将赣州打造成为对接融入粤港澳大湾区的关键桥头堡，是构建江西内陆开放型经济试验区不可或缺的重要一环。赣州与粤港澳大湾区携手共建产业园区，不仅符合当前的实际需求，更是顺应时代潮流的重大机遇。

（二）打造对接融入粤港澳大湾区桥头堡的重要举措

跨区域产业园区共建是当前国内区域合作的新型模式，有利于发达地区产业结构升级和产业转移，有利于欠发达地区充分发挥土地和劳动力等要素的优势与资本、技术等要素结合，充分利用特色资源。开展园区产业共建是承接粤港澳大湾区产业转移，实现合作共赢的重要途径。2021 年 2 月，国务院印发了《关于新时代支持革命老区振兴发展的意见》支持赣南革命老区深度参与粤港澳大湾区建设，支持赣州与粤港澳大湾区共建产业合作试验区，推动与粤港澳大湾区结对共建产业园区。推动与粤港澳大湾区结对共建产业园区，是打造对接融入粤港澳

大湾区桥头堡的重要举措。

（三）助力赣南革命老区高质量发展的重要路径

赣州是经济发展水平较低的地区之一，作为传统农业大市，后发展、欠发达的市场行情没有根本改变，与全国全面同步小康还有一定差距。赣州作为东部沿海通往中部内陆的关键节点城市，拥有得天独厚的地理优势，便于与粤港澳大湾区进行对接。然而，赣州与粤港澳大湾区在经济水平和产业发展等方面存在显著差距。为了弥补这一差距，推动与粤港澳大湾区结对共建产业园区显得尤为必要，这将有助于促进各类互补资源的开发与整合。一方面，赣州可以为粤港澳大湾区提供高效的产业承接模式和丰富的自然资源，为粤港澳大湾区的经济发展提供有力支撑，另一方面，粤港澳大湾区也可以为赣州的经济发展和产业优化升级提供先进的技术支持和人才引进，促进赣州深入挖掘内部需求，积极开拓外部市场，并加快基础设施建设步伐。2022 年 3 月 3 日，国务院正式发布了《关于同意建设赣州、闽西革命老区高质量发展示范区的批复》。该《批复》明确要求，相关部门需依据各自职责，强化对示范区建设的专业指导，并进一步优化完善相关政策措施，在项目布局、资金调配及要素供给等关键环节，应给予积极有效的支持。同时，务必贯彻落实新时代中央国家机关及有关单位对口支援赣南等原中央苏区的工作规划，并积极协调上海、广州、深圳等相关地区，加强与赣州的对口合作，从而为示范区的建设提供有力保障和优良环境。因此，推动与粤港澳大湾区结对共建产业园区，已成为促进赣州实现高质量发展的关键举措[8]。

二、赣州与粤港澳大湾区结对共建产业园区的基础和优势

（一）赣州与粤港澳大湾区共建产业园区的基础

1. 共建产业园区是两地协同发展的内在需要

粤港澳大湾区现已步入以经济结构调整为核心的高质量发展时期，鉴于当前城市建设用地及自然资源日趋紧张，产业结构的优化调整已成为迫在眉睫的重要任务。赣州与粤港澳大湾区共建产业园区，可通过承接与自身资源优势、产业特色、配套能力相符的粤港澳大湾区的产业转移来实现资源配置的优化，促进本地区产业结构的专业化和合理化，促进产业结构转型升级，促进赣州资源合理开发，最终实现互利共赢、协同发展。

一是通过共建产业园区，增加地区生产总值。赣州可以通过园区产业共建，获得快速增长的机会，提升发展的速度。通过引进产业转移的企业，客观上增加了社会资本投资，通过新建厂房、基础设施等带动了材料、钢铁、水泥、装饰、设备等固定资产投资上下游企业的发展，增加本地的地区生产总值。随着企业的入驻和生产[9]，必将吸纳大量的产业工人、管理层，产城融合发展下，有助于消化当地的房地产存量，制造更多的消费需求，带动专业市场等商贸服务体系发

展，带动社会消费品零售总额的增加，形成供给和需求两旺的局面。

二是通过共建产业园区，开发本地资源。赣州不是缺少资源和能源，而是由于资金、技术、区位条件的限制，开发资源的成本过高，利润率较低，大量的资源受到闲置。在承接产业转移过程中，可以有意识地引进资本密集型和技术密集型的开发企业，盘活沉睡的“金山银山”，为丰富的本地资源找到市场。

三是通过共建产业园区，优化产业结构。赣州，作为江西省的南部重要门户，地理位置极为关键，正处于“五岭交汇之核心，赣闽粤湘四省交通之枢纽”的战略要冲。在对接珠三角地区、深度融入粤港澳大湾区建设方面，赣州拥有得天独厚的优势，成为承接粤港澳大湾区产业转移的桥头堡。通过高效、有序的产业承接工作，赣州不断优化要素资源配置，推动产业升级转型，进而实现第一产业、第二产业、第三产业的全面提质增效，为地区经济的持续增长注入强劲动力。

2. 赣州与粤港澳大湾区产业结构相似互补

一是赣州与粤港澳大湾区各城市的产业结构较为相似[10]（见表3-1）。赣州和江门的产业结构相似性最高，相似系数达到了0.99。其次是中山、珠海、惠州和肇庆，赣州与这些城市产业结构相似性系数都达到了0.97以上。

表3-1　产业结构相似性系数

城市	赣州	广州	深圳	珠海	东莞	江门	佛山	惠州	中山	肇庆	香港	澳门
赣州	1	0.91003	0.97173	0.98542	0.96985	0.99342	0.96984	0.98305	0.98548	0.97195	0.76652	0.744339
广州		1	0.96952	0.91173	0.85259	0.88982	0.84307	0.86549	0.91338	0.84985	0.95975	0.949277
深圳			1	0.98429	0.95458	0.97097	0.94888	0.96049	0.98500	0.90176	0.86194	0.843562
珠海				1	0.99179	0.99587	0.98956	0.99434	0.99999	0.91821	0.75967	0.736321
东莞					1	0.99138	0.99970	0.99790	0.99128	0.89754	0.67172	0.645234
江门						1	0.99125	0.99750	0.99566	0.94440	0.72761	0.703236
佛山							1	0.99809	0.98897	0.90131	0.65814	0.631233
惠州								1	0.99392	0.93377	0.69025	0.664413
中山									1	0.91823	0.76229	0.739044
肇庆										1	0.71662	0.696189
香港											1	0.999381
澳门												1

数据来源：广东省各城市统计年鉴、香港统计年刊、澳门统计年鉴。

二是赣州与粤港澳大湾区各城市的产业具有互补性。举例来说，“三南”地区正致力于重点发展具有地方特色的生态农业，积极推广富硒农产品的种植与生产，并已成功获得多家“菜篮子”生产基地的批准。同时，该地区也在积极建设休闲娱乐农业精品园区，并不断完善生态旅游的配套设施，以此展现其在粤港澳大湾区农副产品直供及康养旅游“后花园”打造方面的显著优势。

三是赣州中低端制造业和加工制造业等传统制造业基础扎实。赣州的产业主要集中于中低端制造业和加工制造业等传统制造业，尤其是家具制造业和有色金属冶炼和压延制造业，其次比较有竞争力的行业是纺织服装、服饰业、废弃资源综合利用业、农副食品加工业、木材加工业、造纸及纸制品业、文体娱乐用品制造业、医药制造业、计算机、通信和其他电子设备制造业、电气机械及器材制造业。这些行业均呈现出区位熵指数大于 1 的显著特征（详见表 3-2），充分显示了赣州在这些产业领域所具备的高度专业化水平和强大的竞争力。这一优势为赣州与粤港澳大湾区共同建设产业园区奠定了坚实的基础。

表 3-2　制造业各行业区位熵指数

行业	赣州	广州	深圳	珠海	东莞	江门	佛山	惠州	中山	肇庆
农副食品加工业	1.48	0.48	0.15	0.42	0.27	0.82	0.37	0.17	0.13	0.33
食品制造业	0.49	1.40	0.11	0.70	0.59	1.48	0.65	0.02	0.82	1.11
酒、饮料和精制茶制造业	0.32	1.09	0.25	0.22	0.25	0.38	0.58	0.40	0.91	0.74
烟草制品业	0.02	0.81	0.16	0.00	0.00	0.00	0.00	0.00	0.00	0.00
纺织业	0.43	0.28	0.12	0.16	0.52	1.29	1.43	0.12	0.54	0.77
纺织服装、服饰业	2.79	0.61	49	0.41	1.59	1.19	1.09	41	2.38	0.60
皮革、毛皮、羽毛及其制品和制鞋业	1.36	0.70	0.30	0.13	2.33	1.40	0.97	1.00	1.61	2.07
木材加工及木、竹、藤、棕、草制品业	1.33	0.16	0.09	0.30	0.27	0.69	0.43	0.29	0.38	2.85
家具制造业	12.56	2.48	0.70	0.57	3.06	2.74	3.90	2.84	4.07	4.14
造纸及纸制品业	1.19	1.06	0.61	0.95	3.75	4.28	1.05	0.39	1.63	2.03
印刷和记录媒介复制业	1.32	0.88	1.23	0.50	2.32	2.17	1.27	0.67	1.15	2.10
文教、工美、体育和娱乐用品制造业	1.96	0.72	2.48	0.34	2.29	47	2.09	0.52	2.67	1.51
石油加工、炼焦和核燃料加工业	0.03	0.31	0.04	0.54	0.02	0.02	0.11	2.48	0.02	0.00
化学原料及化学制品制造业	0.42	1.18	0.13	1.27	0.23	1.87	0.60	1.40	0.81	0.94
医药制造业	1.00	1.17	0.32	1.79	0.15	0.21	0.26	0.13	1.09	0.33
化学纤维制造业	0.00	0.04	0.02	1.16	0.09	0.16	0.24	0.01	0.01	0.11

续表 3-2

行　业	赣州	广州	深圳	珠海	东莞	江门	佛山	惠州	中山	肇庆
橡胶和塑料制品业	0.35	0.98	1.30	0.84	2.49	1.28	1.91	1.17	2.05	1.48
非金属矿物制品业	1.64	0.43	0.25	0.41	0.42	1.09	1.18	0.50	0.57	2.82
黑色金属冶炼和压延加工业	0.21	0.35	0.02	0.36	0.03	0.12	0.46	0.03	0.06	0.07
有色金属冶炼和压延加工业	3.93	0.37	0.25	0.30	0.12	0.44	0.90	0.06	0.11	1.36
金属制品业	0.23	0.68	0.68	0.61	1.74	3.25	2.67	0.58	1.72	5.30
通用设备制造业	0.15	1.38	0.78	1.70	0.83	0.97	1.57	0.26	1.77	0.70
专用设备制造业	0.37	0.70	1.28	0.80	1.18	49	1.29	0.23	0.76	0.71
汽车制造业	0.09	2.79	0.28	0.34	0.22	0.34	0.45	0.39	0.46	0.45
铁路、船舶、航空航天和其他运输设备制造业	0.01	2.05	0.31	0.98	0.39	4.45	0.52	0.18	0.03	0.03
电气机械及器材制造业	1.23	0.84	1.24	3.02	1.23	1.56	3.07	1.19	2.86	0.42
计算机、通信和其他电子设备制造业	1.16	1.30	5.10	1.99	3.18	0.64	0.35	3.90	1.36	0.53
仪器仪表制造业	0.04	0.61	1.85	2.83	1.54	0.03	0.59	0.26	1.57	0.26
金属制品、机械和设备修理业	0.00	6.61	0.81	17.58	0.27	0.42	0.02	0.00	4.82	0.00

数据来源：广东省各城市统计年鉴、香港统计年刊、澳门统计年鉴。

（二）赣州与粤港澳大湾区共建产业园区的优势

1. 资源丰富，生态环境优良

一方面，得益于赣州独特的生态与气候条件，其在发展蔬菜、果业等特色生态农业方面拥有显著优势。目前，赣州已成功塑造了“高山蔬菜”“脐橙”“蜜梨”等知名品牌，并构建了集“现代农业 + 观光旅游”为一体的农业发展模式，为融入粤港澳大湾区建设“菜篮子”工程奠定了坚实基础。另一方面，赣州境内森林覆盖率高，旅游资源丰富多样，包括国家级自然保护区、国家级森林公园、国家（省）级风景名胜区等众多优美景点，具备打造成为粤港澳大湾区休闲旅游康养“后花园”的优越条件。此外，赣州还拥有丰富的矿产资源，稀土、钨、钛铁等矿藏储量丰富，矿产资源开发潜力巨大。这一优势为吸引粤港澳大湾区进行资源开发和产业转移提供了得天独厚的条件。

2. 政策支持到位，营商环境优越

《关于新时代支持革命老区振兴发展的意见》明确提出赣南革命老区要对接国家重大区域战略，加强革命老区与中心城市、城市群合作，共同探索产业、园区合作机制，赣州经济迎来了高质量发展的重大机遇。同时，在“新时代中央国家机关及有关单位对口支援赣南等原中央苏区”“革命老区重点城市对口合作”等方面赣州获得国家政策重点支持。

在营商环境建设方面，赣州积极对标粤港澳大湾区等先进发达地区，深入推进“放管服”改革，致力于优化流程再造，勇于探索实践，力求在全方位、宽领域、高层次上打造营商环境的新高地。赣州秉持“大湾区能做的，我们也要能做到”的坚定信念，将传统的“老区思维”转变为前瞻的“湾区思维”，大力实施优化营商环境的“一号工程”，以“干就赣好”为最强音，努力构建“四最”营商环境。

在此过程中，赣州各级领导干部积极转变思维观念，坚决摒弃寻找不办理理由的做法，转而致力于想方设法办好各项事务。推动“马上办、网上办、就近办、一次办”成为工作常态，使“人人都是营商环境、事事都是营商环境”的共识深入人心。全市上下形成了浓厚的亲商、爱商、安商、重商氛围，营商环境整体水平显著提升，在江西省营商环境评价中名列前茅。

3. 赣州产业园区初上规模

产业园区作为区域经济发展、产业调整和升级的关键空间载体，承担着汇聚创新资源、孵化新兴产业、助推城市化进程等诸多重要职责。在园区建设的实践中，其具体形态呈现多元化特征，涵盖了高新区、开发区、科技园、工业区、产业基地、特色产业园等多种形式，同时，近年来各地也相继提出了产业新城、科技新城等新型园区发展模式。

据不完全统计，赣州全市产业园共计 345 个，分布于 18 个县市（区），如图 3-1 所示。其中，章贡区（含赣州经济技术开发区）99 个、南康区 46 个、信丰县 31 个、瑞金市 24 个、赣县区 23 个、兴国县 20 个、于都县 15 个、龙南市

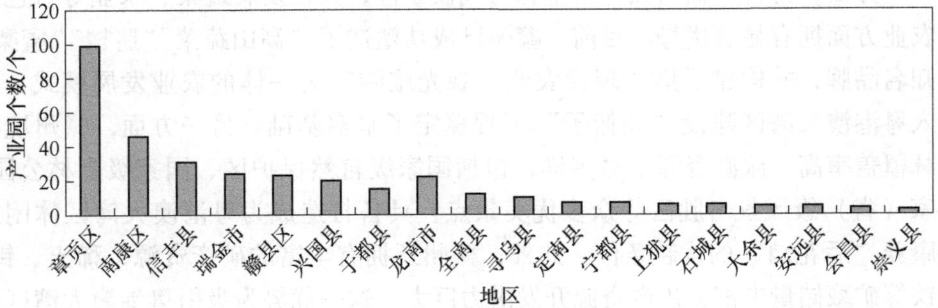

图 3-1　赣州全市产业园分布情况

22个、全南县12个、寻乌县10个、定南县7个、宁都县7个、上犹县6个、石城县6个、大余县5个、安远县5个、会昌县4个、崇义县3个。赣州市各县区首位产业规划布局见表3-3。

表3-3 各县市区首位产业规划布局情况

地 区	首位产业
赣州经济技术开发区	新能源汽车产业，电子信息产业
赣县区	稀有金属新材料
龙南市	电子信息产业
瑞金市	食品加工业
章贡区	生物制药产业，电子信息产业
南康区	家具产业，电子信息产业
上犹县	玻纤新型复合材料产业
信丰县	电子信息产业
兴国县	电子信息产业
定南县	电子信息产业
全南县	电子信息产业
宁都县	轻纺服装产业
于都县	纺织服装产业
会昌县	氟盐化工产业
大余县	钨产业
安远县	电子信息产业
石城县	轻纺鞋服产业
寻乌县	通用设备制造业
崇义县	钨产业

数据来源：《赣州市对接融入粤港澳大湾区建设实施方案》。

第二节 赣州与粤港澳大湾区结对共建产业园区面临的突出问题

一、产业转型升级相对滞后

粤港澳大湾区在面临环境约束、城市规划布局调整及劳动力成本上升等多重因素的影响下，其产业转出主要以劳动密集型和资源密集型产业为主。赣州园区在承接粤港澳大湾区产业转移的过程中，所接收的产业主要聚焦于制衣、电子产品加工等传统领域。然而，值得注意的是，这些产业在产品结构上呈现出较为明显的短板，即缺乏深加工产品、终端产品及高端产品，从而导致了产品附加值整体偏低，且产品精深加工能力明显不足。

与粤港澳大湾区以先进制造业、高技术产业及新兴服务业为主导的产业层次相比，赣州园区所承接的产业在技术水平、资金密集程度及附加值等方面均存在显著差距，这使得赣州园区的产业转型升级面临较大的挑战与难度。例如，瑞金市在引进项目时，主要聚焦于轻纺织造、矿产品粗加工等劳动密集型、资源消耗型行业，而科技含量高、资金密集型、高附加值的企业项目相对较少，特别是缺乏国内外500强企业、行业领军企业及上市企业等优质项目资源。

同时存在产业创新能力不足的问题。众多企业在产权方面普遍存在着不明晰的问题，导致其无法有效适应外部环境的不断变化。在企业经营管理过程中，随波逐流的现象较为显著，过度追求短期利益的倾向明显，这种行为进一步助长了企业的投机性。值得注意的是，许多关键行业，诸如新能源汽车、电子信息、软件及集成电路等主要产品领域，都尚未掌握核心技术。从材料、元器件、专用设备到产品关键部件，均严重依赖于国外进口。此外，企业在自主知识产权方面的研发成果总体偏少，这在一定程度上限制了其培育创新能力的积极性。同时，管理人员特别是高层管理人员普遍缺乏国际企业的管理理论与经验，对创新可能带来的风险与收益估计不足，缺乏强烈的创新意识，这也使得企业难以在内部建立起有利于培养创新力的文化氛围。

二、产业配套基础较为薄弱

当前，部分产业承接园区的建设尚处于初级阶段，其功能尚未完善，相关配套基础设施也显滞后。这导致了一系列问题，包括资金紧张、吸纳能力较弱等。尤为突出的是，园区普遍存在着“产城分离”的现象，即仅具备生产功能，而缺乏居住、商业等必要的服务配套设施。这种现状使得教育医疗、休闲娱乐、购物餐饮等生活服务体系严重缺失，难以满足园区内企业员工的基本生活需求。由于园区生活配套设施的匮乏，许多务工人员特别是年轻人，在面临工资待遇相当的情况下，更倾向于选择前往粤港澳大湾区等更为完善的城市工作。这一现象导致赣州本地企业在招聘本地劳动力方面面临较大困难，难以吸引和留住人才，对本地产业的发展带来不利影响。

三、要素保障体系不够完善

（一）资金保障难

赣州产业园区在金融服务领域呈现出较为薄弱的状态，具体而言，其融资渠道尚显不畅，制约了资金的有效流动和企业的健康发展。同时，现代支付体系和征信体系的建设工作仍有待进一步推进，以提升金融服务的便捷性和安全性。此外，担保体系尚不够完善，风险补偿机制和机构体系也存在不健全之处。加之融资服务体系不健全、融资渠道有限、融资门槛高、融资程序不畅通等因素，外来投资企业资金周转困难，造成投资者投资意愿低，减少投资缩小规模，甚至投资不到位，导致项目开工投产缓慢。

（二）物流成本高

赣州自身交通与基础设施不够完善，不能很好地与粤港澳大湾区形成互相联通。在经济文化上的相互融合较缺乏，无法吸引大中型企业投资建厂，基础物流设施还未配套。比如瑞金市属内陆地区，货代中介企业、运输企业等物流配套机构不完善，物流货运集散度低、不发达，导致企业物流成本居高不下，企业竞争优势不明显，影响了该市工业经济的发展。

（三）人才保障难

经过深入分析与评估，赣州在人才供给方面存在总体质量有待提升的问题。具体而言，具备丰富经验和专业技能的管理人才与技术人才相对匮乏，导致企业面临人才紧缺的困境。比如全南县虽然出台了“人才新政 33 条”“补充措施 10 条”等系列人才政策，特别是针对高校毕业生设立了真金白银的“一次性安家费”“人才激励金”“人才专项补贴”“租房补贴”等，但是在深入高校宣传方面做得不够到位，吸引大学毕业生到全南就业创业的效果不明显。

（四）用地约束紧

在国家实施最为严格的耕地保护政策和节约用地机制的背景下，赣州产业园区项目建设用地的保障工作正面临前所未有的压力。当前，工业用地的占比显著偏低，用地指标总体上呈现紧张态势，工业用地在建设用地总规模中的比重偏小，远未达到全国平均水平。此外，土地利用方式尚显粗放，工业用地储备结构不够合理，对于大型产业项目的规划布局构成了一定难度。

四、对接体制机制有待健全

赣州与粤港澳大湾区在产业共建合作方面所建立的渠道尚显有限，特别是在各园区与粤港澳大湾区园区之间的产业转移合作平台或机制上，存在较为明显的不足。目前，产业转移缺乏系统的统筹引导、科学的规划设计及统一的政策支持，利益分享机制也不健全，这些因素均对粤港澳大湾区企业转移的意愿产生了负面影响。此外，赣州与粤港澳大湾区在制度创新、营商环境等方面的精准衔接机制尚未完善，例如，园区管理方式相对松散粗放，尚未建立起完整的管理架构以实现集中垂直管理。赣州与粤港澳大湾区在产业共建合作方面存在渠道有限的问题，特别是在各园区与粤港澳大湾区园区之间，缺乏有效的产业转移合作平台或机制。目前，产业转移缺乏统筹引导和规划设计，同时也缺乏统一的政策支持，利益分享机制尚不健全，这些因素均在一定程度上影响了粤港澳大湾区企业转移的意愿。此外，赣州与粤港澳大湾区在制度创新、营商环境等方面的精准衔接机制也尚待完善，例如园区管理方式相对松散粗放，尚未建立起完整的管理架构以实现集中垂直管理。这些问题亟待解决，以促进两地产业合作向更深层次、更广领域发展。

五、政策扶持效果有待提升

赣州在对接融入粤港澳大湾区的过程中，面临着激烈的竞争压力，需要与周边各市进行全面、深入的竞争与合作。当前，粤港澳大湾区周边各市均积极把握发展机遇，深入挖掘本地优势资源和产业潜力，并出台一系列政策措施，以谋划融入粤港澳大湾区的发展战略（见表 3-4）。其中，漳州、龙岩、郴州、贺州、永州、梧州等六市与赣州在“三区一园”战略定位上具有显著相似性，尤其是郴州和贺州在融入粤港澳大湾区方面的政策、发展规划和产业布局与赣州存在明显的同质性。在“招大引强”的竞争中，赣州周边省市纷纷出台优惠政策以吸引企业和项目落地。例如，深圳（河源）产业转移工业园便推出了企业厂房装修补贴、设备购置补贴、搬迁补贴等一系列扶持政策。相比之下，赣州产业园区在财力有限的情况下，难以在政策优惠方面与其他省市产业园区展开直接竞争。

表 3-4　粤港澳大湾区周边城市谋划融入粤港澳大湾区相关会议及文件（部分）

城市	会议/文件	战略定位
漳州市	漳州市第十二次代表大会：《开启新征程　担当新使命　为把漳州建成现代化滨海城市而努力奋斗》	现代化滨海城市
龙岩市	第六次党代会：《聚力建设革命老区高质量发展示范区　奋力谱写全面建设社会主义现代化国家龙岩篇章》	革命老区高质量发展示范区
郴州市	《关于落实“三高四新”战略全力打造“一极六区”推动郴州高质量发展的意见》	打造湖南省对接粤港澳大湾区重要增长极
永州市	《永州市对接粤港澳大湾区“菜篮子”工程建设实施方案》	粤港澳大湾区“菜篮子”产品生产供应基地
贺州市	《广西东融先行示范区（贺州）发展规划（2018—2025 年）》	广西向东开放合作先行区，产业融合联动发展新高地，粤港澳大湾区康养旅游首选地
梧州市	《梧州全面对接粤港澳大湾区加快珠江—西江经济带建设实施方案（2019—2021 年）》	广西“东融”的枢纽门户城市

数据来源：根据各市政府网站公开数据整理。

第三节　推动与粤港澳大湾区结对共建产业园区的路径

一、顶层设计产业规划，重点引进战略性新兴产业

共建产业园区并非简单地承接转移粤港澳大湾区中低端落后的产能，而是应该从顶层设计出发，进行全局性规划。赣州要直接引入高梯度的产业，以“总部+基地”的合作方式，充分发挥赣州的土地资源禀赋，承接粤港澳大湾区自主创新产业拓展，通过湾区“总部经济”的功能链条辐射带动赣州的发展，实现区域分工协作、资源优化配置和一定程度的跨越式发展。

（一）现代家居产业集群

为充分发挥赣州国际陆港内陆口岸的进口直通、出口直放“双直通”优势，以及高铁快速通道的便捷性，赣州将致力于加快拓展国内外原材料、成品物流通道与销售市场，积极引进并培育国内外知名品牌的家居总部企业，以构建全球现代家居总部经济区为目标。同时，将加速发展“家具+”这一新业态新模式，推动“家具+家电+家装”的深度融合发展。此外，还将推动传统家具企业实施精益管理，加快向智能化、品牌化、个性化定制方向的转型升级，实现从“制造”到“智造”的提档升级，进而打造具有世界影响力和竞争力的实木家具之都[11]。

（二）电子信息产业集群

以京九高铁沿线为核心区域，赣州致力于统筹规划并优化赣州电子信息产业带的布局。在这一过程中，特别倚重于龙南智能光电、南康新型光电显示、章贡“信创+网安”、信丰智能终端及赣州经开区汽车电子等集聚区的资源优势。同时，还将加速推进赣县区、全南县新型元器件产业的发展进程。在此基础上，构建一个以龙头企业为引领、配套企业为支撑、产业链环节全面完善的电子信息产业园区。目标是培育并壮大新型电子材料及元器件、新型光电显示、功率芯片、5G核心部件及配套设备、软件信息服务等细分领域，以推动“芯屏端网”的融合发展。此外，将赣州打造成为粤港澳大湾区高端电子信息产业集群的重要基地和延伸带。

（三）有色金属产业集群

为充分发挥京九、厦渝高铁在资源要素集聚方面的优势，以赣州高新区为发展核心，同时重视赣州、龙南经开区作为重要发展区域的角色。通过系统布局和深度挖掘，培育发展稀土钨的全产业链，从而构筑坚实可靠的稀土产业体系、协同创新体系及产业服务体系。在此基础上，依托中科院赣江创新研究院的科研实力，致力于高标准建设中国稀金谷，使之成为稀土钨产业创新发展的重要载体。

借助高铁网络的便捷性，大力引进国内外创新人才和研发机构，进一步提升资源整合能力和科技创新能力，推动稀土钨产业向新材料后端领域转型延伸。同时，建设世界级永磁变速器及永磁电机生产基地，培育一批具有核心竞争力和全产业链优势的大企业集团。通过这些举措，打造具有国际影响力的稀土钨等有色金属产业集群。

（四）纺织服装产业集群

基于赣瑞龙铁路、高速公路等多元化交通网络，充分利用于都、宁都、石城、兴国、瑞金等地区的纺织服装产业基础优势，致力于优化产业链、供应链布局，重点构建服装交易中心、研发设计中心、时尚发布中心等重要平台。依托于都“中国品牌服装制造名城”的品牌效应，全面开展以整体承接为主导，形式多样的全产业链招商活动，构建“核心工厂＋卫星工厂”网络协同创新模式，培育并发展专业化、个性化生产新优势。同时，加快完善线上线下相结合的面辅料和服装专业市场、水洗产业园建设，加强研发设计、检验检测中心及信息化服务平台的建设与运营，推动产业数字化、智能化转型升级，努力打造具有全国重要影响力的鞋服优质制造强市。

（五）新能源及新能源汽车产业集群

为充分发挥赣州西站的核心枢纽功能，以赣州经开区新能源汽车科技城为主要基地，承担大型整车制造及研发设计的核心任务。同时，章贡区、南康区、赣县区、大余县等地将聚焦新能源汽车关键零部件项目的承接工作。在此基础上，积极吸引深圳、广州等地区的汽车产业研发人才和高级技工，促进新能源整车与零部件企业的深度合作与资源整合。为强化动力电池、电机、电控等关键零部件及上下游产业的协同协作，积极培育和建设研发设计、检验检测等公共服务平台，构建涵盖“整车＋零部件＋研发＋检测＋汽车文化”的全方位产业链条。这将有助于提升赣州整车企业的品牌影响力及市场占有率，进一步巩固和强化赣州在全国新能源汽车产业中的重要地位，努力将其打造成为全国新能源汽车产业的重要集聚区。

（六）医药食品产业集群

依托京九、厦渝高铁南北贯通、迅速联通长三角、粤港澳等区域的交通优势，积极吸纳广州、长沙等医药创新资源，以章贡区、赣州经开区为中心，构建集中成药、化学药、保健品及生物制药于一体的产业核心区域，同时促进于都、定南医疗器械产业的协同发展，共同构筑全省重大公共卫生防护类产业的重要生产基地。致力于建设以中药产业链为主体，健康养老服务业为拓展方向，化学药、医疗器械、保健品等多元化补充的现代化高铁沿线大健康产业走廊。此外，完善富硒食品工业体系，壮大肉制品、粮谷、果蔬加工等特色食品产业，积极推动高铁功能性食品、旅游休闲食品的开发与制造，努力打造全国闻名的赣南健康食品加工基地。

（七）化工、建材等产业集群

根据高铁沿线工业发展的坚实基础和资源禀赋优势，坚持“深化加工、提升附加值”的战略导向，积极鼓励和扶持企业引进前沿的生产要素，加速推进建材、化工等产业的转型升级与提质增效进程。在错位布局的基础上，大力发展玻纤复合材料、石墨烯保温材料、装配式建筑部品部件等新型绿色建材，同时，也致力于高端无机氟盐、氟精细化学品、盐化工、电子化学品等化学产品的研发与生产，致力于将本地区打造成为南方地区重要的新型建材产业基地和含氟新材料产品供应基地。

二、发挥区域优势，精准定位共建园区产业方向

在对接粤港澳大湾区的过程中，赣州各地区并未盲目接纳所有产业，而是经过深思熟虑，结合自身的产业特色、配套设施及产业未来发展潜力，进行了有针对性的承接。基于《赣州市对接融入粤港澳大湾区建设实施方案》的指导精神，赣州各县区紧密围绕首位产业的规划布局，并紧密结合粤港澳大湾区的产业规划特征，明确制定了各县区产业承接的具体选择方向（详见表3-5），以确保对接工作的有序、高效进行。

表3-5　赣州各县区对接粤港澳大湾区城市及承接产业

赣州市（市、区）	粤港澳大湾区城市	承接产业
章贡区、赣州经开区、南康区、信丰县、龙南市、定南县、全南县、安远县	佛山、中山、江门、肇庆	计算机、通信和其他电子设备制造业
赣州经开区	东莞	新能源汽车制造产业
章贡区	肇庆、深圳	医药制造业
于都县、宁都县、石城县	肇庆、珠海	皮革、毛皮、羽毛及其制品和制鞋业
赣州高新区、赣县区、大余县、崇义县	肇庆、惠州、东莞、广州、深圳	有色金属冶炼和压延加工业

第一，章贡区、赣州经开区、南康区、信丰县、龙南市、定南县、全南县及安远县均将电子信息产业作为首位产业的规划布局，突显了该产业在这些地区的重要地位。与此同时，在佛山、中山、江门和肇庆地区，计算机、通信和其他电子设备制造业被认定为急需转移的产业，显示出这些产业在当地的转型与发展需求。鉴于此，赣州的这些地区可以充分利用软件与信息服务产业园的竞争优势，将佛山、中山、江门和肇庆地区的计算机、通信和其他电子设备制造业作为重点承接对象。

第二，赣州经开区坚定遵循“创新引领、改革攻坚、开放提升、绿色崛起、担当实干、兴赣富民”的工作方针，致力于构建全国范围内具有显著影响力的新能源汽车产业基地，并具备承接东莞汽车制造产业转移的坚实基础与优势条件。

第三，在生物医药产业方面，章贡区充分发挥区位与产业资源优势，积极对接肇庆、深圳等地区的医药制造业，实现优势互补与产业协同发展。

第四，于都县、宁都县、石城县的产业规划核心聚焦于服装产业。鉴于此，集中力量承接肇庆与珠海的纺织业及纺织服装、服饰业，同时，也可适度引入珠海的皮革、毛皮、羽毛及其制品和制鞋业。此举旨在不断加速完善现代轻纺产业的承接平台，进而打通粤港澳大湾区与赣州在服装鞋帽设计、生产、贸易等领域的互联互通节点，力求构建一种优势互补、稳定且全面的合作关系。

第五，赣州高新区军民融合有色金属新材料产业基地应优先选择肇庆、惠州、东莞、广州及深圳的有色金属冶炼和压延加工业进行对接。在转入地的选择上，应以赣县区、大余县和崇义县为主要目标，以实现产业的有效对接与协同发展。

三、创新共建模式，探索共建园区“飞地模式”

（一）腾笼换鸟，着力建设“飞地园区”

赣州要积极引入粤港澳大湾区先进管理理念与办法，打破与粤港澳大湾区的行政区划限制，盘活现有的土地存量，规划建设“飞地园区”。关于“飞地园区”的运营管理，已组建以赣州为主导，并吸纳粤港澳大湾区合作城市参与的园区管理委员会。参与合作的各市政府已在园区内设立专门办事处，专职负责处理园区范围内的各项社会事务及开发建设过程中的协调事宜。具体而言，园区的经济事务将主要由赣州方面负责统筹与管理，而涉及社会事务及拆迁安置等相关工作，则将由各市设立的办事处承担并执行。合作方面，共建双方成立投资公司，用市场运作手段进行园区开发建设，两市按协商的比例共同出资建设，园区投资收益两市协商分成。为加强双方之间的沟通与协作，现决定建立定期交流协商制度，并实行干部人事“跨区联动”政策。双方将相互派遣干部到对方区域任职，以促进相互了解、经验分享及深度合作。实现与粤港澳大湾区资源互补、合作共赢，形成“生产在园区、产品供湾区”的产业发展格局。

（二）对口合作，争取创建“援建飞地”

2022 年 6 月 7 日，国家发改委正式颁布《革命老区重点城市对口合作工作方案》，该方案精确界定了 20 个革命老区重点城市与发达地区部分城市的对口协作机制，此举标志着革命老区重点城市的振兴之旅正式启程。根据《方案》，对口合作工作期限为 2022 年至 2030 年。在此期间，结对城市将推进共同建设产业合作平台载体。赣州被帮扶的对口城市是深圳。赣州要以国家发改委出台《革命老区重点城市对口合作工作方案》为契机，力争创建“援建飞地”。通过“政策撬动+市场驱动+龙头带动”的产业帮扶路径，促成深圳的行业领军企业、龙头企业、蜂王型企业到赣州投资，发挥头羊效应，完善产业链，增强造血功能。形成“蜂王型企业+产业集群”“深圳总部+赣州基地”“深圳研发+赣州生产”的“援建飞地”模式[12]。

例如，全南县利用商务部对口支援优势，已和广州市商务局签订了战略合作协议。全南县恳请商务部相关司局，统筹广东省商务厅、广州市商务局、深圳市商务局、商务部驻深圳特派员办事处、香港中联办经济部、澳门中联办经济部等部门资源。一是推动广州、东莞等地的工业园、开发区、经开区与全南县开展“飞地经济”合作；二是推动深圳市与全南县深化战略合作，加强深圳市商务局、商务部驻深圳特派员办事处与全南县的战略合作，签订中长期战略合作备忘录。推动深圳市龙华区与全南县开展结对共建，重点在加强科技创新、深化产业合作、承接产业转移、重大项目建设、人才培训交流等方面予以支持。

（三）引凤入巢，打造“科创飞地”

为推进粤港澳大湾区建设成国际科技创新中心，需粤港澳地区的众多企业及科研机构积极扩展至外地或海外，设立多样化的科研创新孵化基地，进而有效参与国际科技创新合作。鉴于赣州在新能源、电子信息及家电制造等领域已构筑起坚实的产业链基础，其具备了承接并转化粤港澳大湾区科研成果的充分条件。与此同时，相较于粤港澳大湾区内的各城市，赣州在科创成果转化方面展现出显著的成本优势。赣州正积极通过深化“产学研”合作模式，承接粤港澳大湾区的科技创新溢出效应，致力于打造成为粤港澳大湾区科创成果转化的重要试验基地。在融入并推动“广深港澳”科技创新走廊建设的进程中，赣州与走廊沿线的高校、科研机构及企业保持紧密合作关系，努力引进相关机构在赣州设立分支机构，以实现对高端产业的有效对接与协同发展。

同时，赣州致力于突破传统模式的束缚，在粤港澳大湾区积极构建“科创飞地”，并与粤港澳大湾区城市携手共建创新创业平台，如“科创中心”。此举旨在深化人才引育工作，并推动科研成果的高效转化。围绕战略性新兴产业，创建科技创新平台，培育引进创新团队，深度对接广州、深圳、香港、澳门等“双一流”高校及科研院所的高端人才与高新成果，充分利用粤港澳大湾区高科技人才资源集聚的优势，实现“孵化在湾区、转化在赣州”的“科创飞地”模式。此模式在政府主导下运行，依托专业化公司进行高效运营管理，并由基金公司提供必要的投资支持。科创中心作为核心机构，通过设立产业基金，对项目进行深入研判、精准分析与科学投资，旨在提升项目落户的成功率。经过科创中心的孵化与加速，将那些具备规模产业化潜力的项目成功导入赣州，进而构建形成“基金+产业+园区”三位一体的产业生态闭环。基于此种高效协同的运作模式，建议遵循政府引导、社会主导、企业自主运营的原则，由赣州市发改委与组织部联合牵头组织，设立飞地发展基金。其中，政府专项出资应控制在不超过40%，企业与社会融资则不低于60%，以确保资金结构的多元化与灵活性。该基金将由具备丰富经验和专业能力的基金团队或公司进行市场化运作，市政府则负责对其进行有效监管，确保资金使用的合规性与效益最大化。此外，飞地园区的日常运营管理工作应交由专门的飞地运营管理公司负责。

四、按照科学高效原则，构建共建园区运营机制

（一）加强领导，优化合作共建管理体系

（1）加强对园区共建工作的组织领导。关于产业园区共建工作，建议相关市、县（市、区）政府务必将其纳入本级政府的经济社会发展规划之中，并作为重点工作予以推进。在此基础上，合作各方需在经济统计指标、财税分成和利益分配、土地使用、环境保护、能源利用等关键领域，积极探索并制定更为灵活、有效的政策措施，以消除体制机制障碍，为推进“飞地园区”建设提供有力支撑。同时，管委会应发挥牵头作用，统筹协调各方力量，确保产业园区共建工作的顺利推进，并及时向领导小组报告工作进展及存在的问题。

（2）科学高效组建园区共建管理机构。为了优化产业园区的管理与运营，需要构建一个包括合作共建方高层领导小组决策、管委会管理及开发建设公司运营的三层管理架构。领导小组、管委会和开发建设公司的核心成员，将通过合作共建方的协商与委派产生。领导小组将承担指导和协调产业园区建设与管理中重大问题的职责，确保各项决策的科学性与合理性。管委会作为合作双方政府的派出机构，将被赋予相应的行政管理权限，以便更好地执行与协调各项工作。开发建设公司则由合作各方共同组建，负责产业园区的土地开发、融资、基础配套设施建设及招商引资等重要任务。通过公司的专业化运营，将推动产业园区的快速发展与壮大。为提升管理人员的综合素质与团队协作能力，将实行岗位轮换和交流制度，使管理人员能够更好地了解彼此需求，消除隔阂。同时，建立“飞入地”和“飞出地”的竞争上岗的动态聘用和轮岗制度，旨在打造一支相互理解、配合高效的高素质管理队伍。

（3）政企分离经营园区共建资产项目。各合作方应积极推动资产运营管理职能从管委会中分离，设立专门的园区开发建设公司，其主要职责包括园区的开发建设、招商引资、产业用地管理、厂房租赁及日常运营服务。管委会则承担上一级政府所赋予的行政管理及经济管理权限，并对资产运营公司实施必要的监督管理。同时，鼓励园区开发建设公司充分利用各级政府的财政支持、政策性银行及商业银行的信贷资金，并积极吸纳企业、机构及个人的投资，通过多元化的融资渠道，引入社会力量共同推进园区的开发建设进程。此举旨在提升园区资产运

营的专业化水平，实现园区资产收益的最大化。此外，对于具备条件的园区开发建设公司，鼓励其依照规定程序发行债券或上市融资，以进一步拓宽资金来源，为园区的可持续发展提供有力保障。

（二）多式联动，夯实共建产业园区互动对接机制

（1）建立区域互动合作机制。一是建立健全赣州与粤港澳大湾区之间的政府协商合作机制，定期举行产业协调对接会议，共同研究解决区域合作中的重大事项。二是引导行业协会、商会等社会力量，建立各类跨区域合作组织，为粤港澳大湾区企业进行产业转移和投资提供咨询和帮助。三是着力引导本地企业构建“产业联盟”，鼓励其与业内领军企业建立深度合作关系，按照既定计划、逐步推进、明确目标，精心培育并壮大“本土领军企业”，以推动一批具有显著示范引领效应、市场竞争力卓越、发展潜力巨大的龙头企业在园区内“生根发芽”，实现蓬勃发展。四是建立两地企业家“互访互动”机制，双方在举办大型招商引资、展览会等重大活动时，组织两地企业家积极参与，推动两地企业家增进互信、建立合作、携手发展。五是强化交流学习。两地互派招商引资干部进行挂职交流，承担两地开发区的工作联络工作，促进观念互通、思路互动、作风互鉴、办法互学。

（2）建立粤港澳大湾区精准招商平台。致力于不断创新驻点招商、以商招商及产业链招商的新模式，积极采取主动姿态，承接粤港澳大湾区产业转移的机遇。要围绕主导产业，进一步加强与粤港澳大湾区等重点地区的中央企业、大型国有企业、大型民企的对接。特别是采取专题招商、点对点招商和中介招商等方式，主攻大企业、大集团和大项目。在粤港澳大湾区设立常驻招商点，确保与粤港澳大湾区保持紧密的沟通与合作；致力于创新市场化招商机制，通过引入第三方团队实施“以商招商”策略，并将招商成果与薪酬直接挂钩，有效提升专业招商的效率和成果。例如，积极聘请高校成立产学研团队，针对招商方向和任务进行精准定制，实施专业化的定向招商。同时，秉承“前端精准对接，中间精准承接，后端精准服务”的发展理念，强化全产业链的共融合作，积极探索并推动园区市场化运营的创新路径。进一步加大定向招商、精准招商、市场化招商、产业招商、专题招商工作力度，形成多元化招商新格局，着力引进绿色食品、电子电气及材料、现代轻纺、电子信息、数字经济等产业项目。致力于大力推广 PPP 模式，并持续优化 PPP 项目库，旨在积极吸引社会资本参与公用设施、交通、医疗卫生、文化、教育、体育、养老等公共服务领域重大项目的建设。同时，努力延伸产业发展链，加快赣州现代化产业体系的构建，以形成与粤港澳大湾区互补且多元化的产业供应链。在项目洽谈与招商引资过程中，注重提升赣州产业园的扩能增效，深化与粤港澳大湾区的产业协调共建，以更好地为粤港澳大湾区提供优质的产业配套和规模支撑。

(3) 系统构建产业对接平台。加强对现有产业园区的资源整合，把产业园区作为承接产业转移的重要载体，有序发展用地集约、产业集聚、管理规范的现代制造业集聚区，系统构建产业转移承接平台。加强创新要素培育，设立研发中心、产业"孵化园"，促进创新成果转化。为了深化赣州重点园区平台的发展，积极推动该平台与广深科技创新走廊的十大核心平台建立对接合作关系。在合作内容方面，计划与广州大学城—国际创新城共同开展新一代信息技术及高端制造产业等领域的合作，以期实现资源共享和优势互补。此外，还将与广州中新知识城、广州科学城、深圳高新区、深圳坂雪岗科技城及东莞松山湖科技产业园区等核心平台开展电子信息产业的深度合作，共同探索行业发展的新路径。同时，重视与东莞滨海湾新区的合作，将致力于在电子信息、智能装备制造等领域展开深入合作，推动双方在技术创新和产业升级方面取得更大突破。完善赣州—深圳对口帮扶等多种承接平台，推进优势产业、优势企业、优势资源向共建园区集聚。

(三) 互利共赢，建立园区共建利益分享机制

(1) 协议商定园区收益分配。双方依据"以地方政府协商与共享为引领、以产业衔接与协作为核心、以建立分利联盟为基石"的利益模式，在坚持互利共赢的原则基础上，共同商讨合作机制，明确各方职责与义务，旨在实现产业园区发展成果的共享。

第一，研究制定共建园区利益分配方案。鉴于合作共建主体在投入方面的差异性，飞出地主要承担企业、人员、技术等方面的投入，而另一方则主要负责资金与土地的投入。根据双方实际投入的比例，双方应共同商定并确定各自的股份比例，并通过签订利益共享协议，明确按照所持股份进行分红。此外，鉴于园区建设的周期性较长，前期阶段主要以投入为主，园区所获得的收益将主要用于进一步的投资建设，以实现滚动发展。当园区的发展达到一定水平后，再依据之前商定的利益共享协议进行分红。为确保合作的持续性与稳定性，双方可约定一个明确的合作期限，例如30年。在此期间，双方应共同遵守协议条款，确保合作的顺利进行。

第二，细化共建园区收益类型和完善共享范围。合作双方应在原签订协议的基础上，根据园区经济收益实际情况，探索确定共享利益的类型、范围、数量。一是确定双方共享利益分成的基数和数量。明确确定合作双方在引进企业产生收益的分成基数，比如说可参照园区前5年的财政收入县级留成情况，确定共享基数范围，对超出基数部分按照比例进行分成。二是确定共享利益范围。园区所得的收益一般有税收收入、土地收入、项目奖励资金等，另外GDP、能耗、环保指标也可以进行共享。一方面双方可以就税收、土地、项目奖励等收入按照比例进行共享，另一方面也可以将GDP、能耗、环保指标各自进行统计，纳入各地区的考核目标管理。

第三，拓展利益共享渠道。合作双方利益共享主要是从园区收益中进行利益分配，利益共享渠道比较单一。双方需要不断拓宽思路、创新理念，研究新的利益分享渠道。如大型企业集团会将生产基地转移到合作共建园区，而自身侧重发展总部经济，这样可以促进合作双方共享 GDP 指标。又如，赣州承接粤港澳大湾区产业转移会增加地方的环保负担，同时也会积极争取中央财政的支持，在治理环境的过程中也会产生收益，双方可就这一部分收益约定分享比例。

（2）完善人才科技共享机制。双方负责筛选一批机械制造、生物医药、食品加工类企业研发机构，同类型企业建立结对帮扶关系，完善确立新工艺、新技术及专有技术合作研发和成果共享机制。同时，将把在飞地园区工作的高端人才全面纳入地方人才政策的支持范畴之中，确保他们能够充分享受当地提供的包括落户住房、医疗教育、奖励社保、专项资金等在内的全方位人才政策待遇。此举旨在突破园区共建的局限性，实现更为广泛的利益共享。

五、加大政策扶持力度，提升产业园区要素保障能力

产业园区着力提高要素保障能力，从基础设施建设、融资、为企服务、土地供给等方面入手，注重“补短板”、勤输血、强服务，为企业提供更多投资的便利化条件。

（一）补短板，加强投资硬环境建设力度

完善供水网络，提升用水保障能力；合理规划、加快建设污水处理厂和垃圾转运站，完善绿化系统，加强园区和城镇市容管理。改善人居环境，完善城市中心区商务、商业设施，工业园区配套推进公租房及服务设施建设；为了进一步强化集疏运服务的功能，确保货物中转的流畅高效，进而提升整体物流运输的能力与效率，需进一步加速铁路、高等级公路与关键港区连接线建设的进程。同时，还应加大力度推进仓储设施、配送中心、物流中心及物流园区的建设步伐，持续优化中转联运设施，以提升物流设施的系统性和兼容性。此外，积极构建无缝对接的物流网络和物流公共信息平台，建立健全物流信息采集、处理和服务共享机制。同时，推动多种运输方式和服务信息平台的深度融合，实现运输信息系统的互联互通。

（二）勤输血，为园区共建提供人才金融保障

一是加快人才集聚。首先要培养园区管理人才。鉴于园区发展对管理高端人才的需求，两地政府在选派园区领导时，应加大对相关干部的政治和经济政策倾斜力度，确保工作人员能够积极参与园区建设并保持长期投入。同时，加强园区建设人才的培训与学习，定期组织经济建设专题交流培训会，邀请园区管理领域的专家学者进行授课，以提升园区管理人员的理论素养和实践能力。其次引进专业技术人员。根据引进企业的实际需求，制定相应的培训计划，针对本地劳动力

及企业的技术和管理人才开展有针对性的培训，并为参加职业技能提升培训的人才提供适当的补贴。同时，积极对接粤港澳大湾区科技人才资源库，围绕产业发展技术短板，通过项目合作、技术咨询、课题攻关、知识产权入股等多种方式，引进一批具备专业知识、精湛技能和高度创新能力的科技高端人才。此外，构建园区人才服务平台，为企业及创新产业人才团队建设提供有力支持。制定吸引人才落户到赣州的优惠政策，为企业培育所需的专业技术和管理人才创造良好环境。

二是加强金融服务。首先要壮大投资融资队伍。秉持经营园区的理念，积极引进具备金融专业知识的管理人才，从而构建高效的投资融资平台，并充分发挥该平台在园区建设与发展中的重要作用。同时，应积极向落户于江西的粤港澳大湾区企业提供担保服务，通过此举引导银行机构扩大贷款规模，有效降低企业的融资成本。在此过程中，政府、银行及担保机构应形成紧密配合，共同努力，以打造优质的融资环境。其次要提升园区企业融资能力。支持企业发行企业债券、上市融资，鼓励市级金融担保机构和融资租赁机构帮助入驻企业进行银行贷款担保、租赁等服务。由市级或者区县级政府与银行合作建立园区共建产业发展基金、风险担保基金，重点投入符合政府产业发展规划、产业转型升级需要的企业，解决园区共建企业融资难、融资贵的问题。

（三）强服务，为园区产业共建营造高效的营商环境

为进一步优化提升营商环境，制定并实施了专项行动方案。此方案创新性地试行了“全产业链放权”改革，同时，积极加强与广州、深圳、佛山、东莞、中山、惠州等地区的合作，共同签订了政务服务“跨省通办”合作协议。这一举措的推行，实现了高频政务服务事项的“跨省通办、一次办成”。各区县政府应依据其行政管理权限，对产业项目审批流程进行精简优化，实施“一站式”服务模式，涵盖产业项目的规划、立项、建设、环保、用地等各个环节。同时，应推行“代办制”及重点企业挂牌服务制度，为入驻企业提供全方位的“保姆式”服务，确保企业运营顺利、高效。此外，各区县政府还需深化领导班子和领导干部考核评价体系改革，以切实提升服务质量为核心目标。

（四）保供给，进一步保障共建园区用地指标

加强土地统筹和收储工作，优化用地指标供给程序，建立指标调节机制，在土地调规和用地、水田、林地指标供给方面更加灵活高效。坚持“以指标跟着项目走、差别精准化配置、优先保重大项目”的原则，强化用地指标的精准分配，做好重大项目用地指标统筹保障。对于纳入赣州统筹推进重大项目清单，且需经市审批、核准、备案的粤港澳大湾区企业投资项目，其所涉及的新增建设用地指标将由市政府进行统一规划与调配。针对新引进的粤港澳大湾区先进制造业项目，赣州将灵活运用长期租赁、先租后让、租让结合、弹性年期等多种供地模

式，并着力通过宣传教育及政策引导，使企业逐步适应并接受这些创新的供地方式。在土地出让方面，将严格执行最低价标准，并根据实际情况适度调整执行比例，以减轻企业用地成本。同时，为降低企业资金压力，允许企业分期缴纳土地出让价款。此外，将进一步优化用地审批服务流程，严格履行并联审批职责，将项目选址和用地预审环节合并办理，实现一次申请、一套材料、一并办理，从而大幅缩短审批周期，提升审批效率。

第二篇　赣州产业发展的内生动力和支持系统

在推动区域经济转型升级的过程中，赣州作为一个典型的区域经济实体，展现了其通过内生动力和强大的支持系统实现产业发展的明显成效。本篇深入探讨了赣州在产业发展中所依托的核心动力——龙头企业的推动作用，物流枢纽的战略部署及产业引导基金的多层次运作机制，这三个方面共同构筑了赣州产业发展的坚实基础。

第四章详细分析了龙头企业在赣州产业集群中的核心作用，指出龙头企业不仅是推动地方经济发展的关键力量，也是形成和升级产业集群的主要动力。通过具体案例，展示了这些企业如何通过创新和扩展在市场中的领导地位，进而促进了相关供应链的完善和产业技术的进步。还讨论了政府如何通过政策支持和激励措施，帮助龙头企业优化资源配置，加强与中小企业的协同，共同推动产业集群向更高附加值和技术水平迈进。

物流枢纽的建设是赣州实现产业优化和区域经济一体化的重要策略。第五章探讨了赣州如何通过投资先进的物流基础设施和创新物流服务，改善产业链的运作效率和降低企业运营成本。阐释了物流枢纽对于促进赣州与国内外市场连接的重要性，以及如何通过物流优势吸引更多的投资和促进出口导向型产业的发展。同时，分析了物流枢纽对于提升赣州综合竞争力的长远影响，以及政府在物流系统中的规划与调整策略。

第六章深入剖析了产业引导基金在激活和支撑赣州经济发展中的关键角色。详细介绍了赣州在基金设立和运作方面的政策设计、运作模式及实施成效，揭示了政府如何通过这些基金发挥财政资金的引导和放大效应，解决市场失灵问题，并提升财政资金的使用效率。此外，还讨论了产业引导基金面临的挑战及其解决策略，提供了其他地区制定产业政策的宝贵经验。

总体来看，赣州通过培育龙头企业、建设物流枢纽和运用产业引导基金这三个方面的协同作用，有效地促进了其产业结构的升级和经济模式的转型。这一系列策略不仅加强了赣州作为区域经济中心的地位，也为其他地区的经济发展提供了可借鉴的模式和经验。本篇的深入分析和系统总结，为理解和评估赣州产业发展的内生动力和支持系统提供了全面的视角和实用的策略。

第四章　龙头企业与产业集群引领经济发展新动力

习近平总书记在江西考察时强调，要部署创新链，积极对接国家战略科技资源，突破关键核心技术，打造高新技术产业，形成有全国影响力的产业集群。赣州紧密围绕国家战略部署，积极推进现代家居、有色金属及新材料、电子信息、新能源及新能源汽车、纺织服装、绿色食品、生物医药等关键产业的发展。这些产业体系的建立与壮大，不仅为赣州的经济增长提供了有力支撑，同时也充分展现了赣州在国内外市场中的强劲竞争实力。

赣州重视产业集群内的协同发展和资源共享，通过强化产业链各环节互动，推动产业集群向价值链高端迈进。这些集成化发展策略不仅保持了产业的高速增长，也为地区经济的持续健康发展奠定了坚实基础。

本章将探讨赣州如何通过培育龙头企业和构建产业集群来塑造区域经济核心竞争力，详细分析赣州在推动龙头企业和产业集群发展中面临的挑战与机遇，总结其成功经验与未来发展策略。旨在深化读者对区域经济发展动力机制的理解，并将这些洞见应用于中国式现代化的实践中，为其他地区提供参考，帮助各地区在全球化竞争中寻找并定位自己的发展路径。

最终，本章将展示赣州如何通过龙头企业和产业集群的双轮驱动，从传统农业城市转型为现代工业强市。这一转变不仅体现了赣州的经济活力，还为其他地区展示了可行的发展策略和路径，成为中国地方经济转型和高质量发展的重要参考。

第一节　赣州龙头企业发展的基本态势

产业集群作为汇聚人才、资本、技术、信息等资源的核心载体，在推动区域创新发展和地方经济繁荣方面扮演着举足轻重的引擎角色。其演进的驱动力可归结为外生型与内生型两大类别。外生型动力主要包括全球产业革命与科技革命带来的深刻变革、跨国公司的战略投资及全球金融危机的挑战与机遇等外部因素。而内生型动力则涵盖企业内部的研发与技术革新活力、科技人才的培养与引进、企业家精神的激发、基础设施建设的不断完善、地方政府政策的有效支持及非政府组织在促进集群发展中的积极作用等内部要素。

在大工业化时代，龙头企业对地区经济发展至关重要。它们通常在行业中占据主导地位，具有规模、技术和市场优势，强大的产业链控制力和地方化外部性。通过知识溢出效应，龙头企业提升整个产业集群的创新绩效，逐渐取代中小企业成为产业集群的主导力量。它们有效整合链内资源，扩大产品市场，增强品牌效应，提升链内企业的收益和竞争力。

近年来，赣州主攻“1+5+N”产业集群链式发展，对外招大引强，以龙头企业带动上下游产业链和配套产业，形成“葡萄串效应”。对内持续培育壮大龙头企业，提升产业发展内生动力，致力于打造具有强大竞争力的“链主”企业，推动产业高端化、智能化、绿色化发展，增强核心竞争力。

一、工业发展概述

赣州坚持围绕建设工业强市，坚定不移推动“1+5+N”产业集群链式发展，产业高质量发展取得积极成效。在2022年，赣州首位产业集聚度实现了显著增长，由2011年的10%大幅提升至60%。同时，规模以上工业增加值同比增长8.8%，在江西省范围内位列第三。此外，规模以上工业营收达到了5389亿元，位居江西省第四。2023年，赣州市跃居全国先进制造业百强城市第61位。

二、产业集群发展

现代家居产业方面，赣州打造了全国最大的实木家具制造基地和最有影响力的研发设计中心，实现“家电+家具+家装”融合发展，集群营收突破2500亿元；有色金属和新材料产业方面，形成集矿山开采、冶炼分离、深加工、检验检测、科技研发为一体的产业体系。随着中国稀土集团总部、中科院赣江创新研究院及国家稀土功能材料创新中心等科研平台的成功设立，稀土新材料及应用集群已被确立为全省范围内唯一的国家先进制造业集群，标志着我国在稀土领域的科研实力与产业应用取得了显著进展；电子信息产业方面，赣州积极承接粤港澳大湾区产业转移，重点发展PCB、新型显示、智能终端等，形成“芯、屏、器、核、端”全产业链格局；纺织服装产业方面，加快向数字化、智能化、品牌化升级，培育了超过300家服装品牌企业；新能源及新能源汽车产业方面，吸纳了如孚能科技、吉利科技、金瑞琪等优质企业，构建了从锂电二阶材料、锂电一阶材料到锂电池、整车生产的完整产业链；食品医药产业方面，赣南脐橙、茶油等品牌价值显著提升，赣南脐橙品牌价值达691.27亿元，入选全国区域品牌（地理标志）100强，位次由2022年第6位前移1位进入第5名，取得了历史上最好位次。果蔬、粮食等农副产品加工和预制菜、富硒食品等产业蓬勃发展，创新药品、高端医疗器械、宠物健康产业齐头并进。

三、龙头企业培育

近年来，赣州全方位推进龙头企业做大做强，先后出台了《关于支持龙头企业发展的若干政策措施》《赣州市推动农业产业化龙头企业做大做强工作方案》《赣州市制造业重点产业链现代化建设“7510”行动计划（2023—2026年）》等文件，支持链主企业发展，每年开展“农业产业化市级龙头企业”的认定，表彰年度赣州建筑业龙头骨干重点扶持企业。截至2022年，赣州5家规上工业企业全年营收突破100亿元，全省民营企业100强中，赣州有10家，赣州有A股上市企业13家，3家企业入选第五批国家林业重点龙头企业名单。2022年，赣州新增8家省级服务业集聚区和龙头企业，新增9家省级林业龙头企业。

四、区域优势与政策支持

近年来，赣州的区位交通、开放平台、政策叠加、要素保障和科教人才优势日益显现，龙头企业培育成效显著。一是对标粤港澳大湾区营商环境。赣州营商环境在江西省排名前列，并与广州、深圳等粤港澳大湾区城市签订“跨省通办”协议，实现151个高频政务服务事项“跨省通办、一次办成”，127项深圳市政务服务事项在赣州24小时自助办理，深赣不动产登记“跨城通办”、公积金互认互贷。二是构建专业化团队，对企业进行综合评估分析，“一企一策”精准扶持，帮助企业优化发展战略，提升竞争优势。通过“映山红”行动，帮助企业借助资本手段快速发展，围绕“1+5+N”产业及独角兽企业、瞪羚企业、专精特新“小巨人”等，储备上市资源。三是加快对接融入粤港澳大湾区。深圳与赣州合作共建“飞地”产业园区，赣州国际陆港与深圳盐田港合作共建“赣深组合港”，打造粤港澳大湾区优质农产品供应基地，已认定粤港澳大湾区“菜篮子”生产基地84家，常态化开展“粤企入赣”活动，擦亮“粤企入赣”品牌。

第二节　赣州龙头企业做大做强中存在的主要问题

在赣州的工业与企业发展战略中，培养和壮大龙头企业是关键一环，旨在推动地区经济的整体提升和产业结构的优化。然而，实践中的挑战是多方面的。龙头企业的认定和发展并不是一个简单的过程，它涉及标准的明确、创新基础设施的完善及政策支持的有效执行等多个方面。赣州在培育和扩大龙头企业过程中所面临的主要问题，包括企业规模小、创新能力不足、人才短缺、政策落地的精准度不够，以及能源和土地资源的制约等。

一、龙头企业认定的标准与挑战

（一）龙头企业认定缺乏明确标准

在识别龙头企业时，采用了多种科学方法，其中包括企业数据分析法和社会网络分析法等。企业数据分析法主要侧重于对企业本身属性数据的深入挖掘，认为龙头企业可以通过企业规模、专利数量、获取协会成员资格数量、国外分公司个数等一系列关键数据指标来进行全面而精准的识别与衡量。而社会网络分析法则提出了另一种视角，它认为仅依赖诸如销售额、员工数、市场份额、知识吸收与创造的能力等企业个体属性数据，并不能充分反映龙头企业的核心本质和影响力。因此，应从企业与网络中其他节点组织之间的关系出发，深入剖析其在产业链、供应链、创新链等各个网络中的核心地位和关键作用，以此来更为准确地判定龙头企业。

当前赣州围绕7条制造业重点产业链制定了行动方案，每条产业链均提出要培育壮大龙头企业，但具体的龙头企业认定缺乏标准，未建立龙头企业培育名录，重点培优育强。

（二）赣州企业规模小，龙头企业稀缺

从赣州企业规模的角度审视，目前普遍呈现出规模偏小的特点。尤其值得注意的是，在赣州经济格局中，能够发挥支撑和引领作用的大型及特大型企业数量相对较少，赣州仅有5家规上工业企业全年营收突破100亿元，而江西省有5家企业营收已经破千亿元；江西省民营企业100强中，赣州仅有10家；江西省A股上市企业87家，南昌共有32家，占比36.78%，赣州有13家，占比14.94%。

二、创新能力与研发支持的不足

（一）创新基础设施建设滞后

新型基础设施改造不足，采用5G、NB-IOT、工业以太网等新一代网络技术进行内网改造的企业占赣州规上工业企业总数比例偏少，仍有较多工业企业因担心数据安全问题，未实现设备互联互通和数据自动采集、传输和处理。

（二）5G和工业互联网平台发展缓慢

江西省首批5G产业基地，信丰和龙南入选，但第二批江西省5G产业基地入选数为零。两个标识解析二级节点相关应用平台仍在建设中，尤其是服装行业标识解析二级节点应用服务平台建设较慢，标识集成应用创新仍需进一步推广。工业互联网平台数量不多，2023年江西省首批省级工业互联网平台16个，赣州仅有3个，而南昌有6个，企业级私有云平台少，行业级平台作用发挥不足，平台推广仍然存在问题，特别是大型公益企业利用公共平台意愿不高，已上云上平台企业仍浅层上云，未达到设备上云等上云深度。赣州拥有的江西省省级企业技术中心仅有43家，而南昌有120家。

（三）人才短缺和研发投入不足

赣州高层次人才短缺，创新研发投入不足，产品缺乏核心竞争力，高附加值产品少，抗风险能力弱，产业发展水平较低。2022 年，全社会研发投入强度仅为 1.72%，低于江西省水平，研发经费投入为 77.81 亿元，而南昌达到了 139.71 亿元，南昌研发经费投入占江西省的 1/4。

三、政策执行与营商环境的改革

（一）政策扶持精准度不足

通过在赣州全市范围内进行的助企纾困政策兑现情况问卷调查发现，部分企业反映政策扶持力度不足，且政策的精准滴灌效果不佳。存在的问题包括惠企政策兑现门槛较高、企业获得感不强、政策覆盖范围有限、政策宣传解读不准确及企业获取政策的渠道过于单一[13]。

（二）营商环境改革推进不均衡

虽然近年来赣州市级政府密集出台了一系列改革措施，但县（市、区）在推进营商环境改革，尤其是“一号改革工程”方面进度不一，对市级改革措施的跟进和落实存在不足。据 2022 年江西省营商环境第三方评价显示，赣州在用水用气、纳税、劳动力市场监管等三项指标上处于江西省第二梯队，而在市场监管指标上则处于第三梯队。

（三）人才问题突出

随着企业数量的增加，尤其是大型制造业企业，对用工的需求日益增长。调查显示，赣州制造业企业普遍面临用工难题。尽管部分引进企业如富士康已通过提高工资、员工关怀、人才培养和自动化等措施缓解了用工压力，但本土龙头企业仍需加强，特别是在技术人才培养方面。此外，尽管赣州高校数量位居江西省第二，但 2023 年赣州高校毕业生留赣率为 62.63%，而浙江省部分高校公布的“留浙就业”和“留杭就业”比例高达 70%，显示出赣州在人才吸引和留存方面存在较大的挑战。

四、资源配置与环境约束的双重挑战

（一）能源自给能力不足，基础设施老化

赣州作为一个传统的能源资源相对匮乏的地区，其能源总自给率明显低于全国平均水平。目前，赣州部分能源基础设施陈旧老化，能源供应短缺且自给率偏低，加之能源获取成本持续保持高位，这些因素共同构成了制约赣州能源和产业发展的主要瓶颈问题。赣州缺煤、无油、乏气，对外依存度高，煤炭、成品油、天然气等传统能源全部依赖外调，70% 以上电力也要从外调入，且光伏、风力、生物质发电潜力有限，核电较难发展，能源结构低碳转型压力大[14]。

（二）用能成本高，节能降耗仍有空间

从用能价格情况看，赣州工商业电价总体偏高，在周边四省九市中仅比郴州低。此外，赣州天然气价格波动较大，集中供热覆盖面较小，建设分布式光伏企业偏少，通过合理用电降低用电成本仍有空间，电价补贴政策有待完善。

（三）碳达峰要求下的工业发展挑战

2022 年，赣州单位 GDP 能耗大幅下降，全社会能源消费量为 1167.17 万吨标准煤，同比增长 1.3%；单位 GDP 能耗为每万元 0.278 吨标准煤，同比下降 3.7%，下降幅度高于江西省 3.3 个百分点，高于全国 3.6 个百分点，超额完成全市年度下降 2.5% 的节能目标。根据《赣州市碳达峰实施方案》，赣州市到 2025 年，非化石能源消费比重达到 27.4%，单位地区生产总值能源消耗较 2020 年下降 12.5%，力争达到 13%。综合来看，赣州整体碳排放总量处于较低水平，碳排放强度下降空间有限。能耗指标的约束给赣州工业发展带来严峻挑战，在碳达峰的新要求下，各地要求遏制"两高"项目盲目发展，收紧能耗双控和碳排放指标，压减能耗增量和碳排放空间，导致部分市场前景好但能耗较高的项目落户难度加大。

五、物流成本效益与土地资源紧张

（一）物流降本增效不足

2022 年，赣州社会物流总费用占 GDP 比率为 13.95%，和发达地区（11% 左右）相比差距明显，与深圳等粤港澳大湾区城市比，赣州企业物流成本占生产成本中的比重整体高于深圳等粤港澳大湾区城市。赣州物流运输结构不合理，公路运输比例达 88%，铁路、水路、航空运输占比分别仅为 6.76%、5%、0.0014%。物流数字化水平低，没有建立统一的物流大数据平台。赣州物流产业还存在货源不足，货品单一问题。

（二）用地指标缺口较大

截至 2023 年 7 月 28 日，赣州可用地指标共计 23378.6 亩，但同时批而未用土地基数较大，全市批而未用土地基数达到 18 万亩，不少开发区一方面批而未用土地多，另一方面项目又缺用地指标，用地报批服务质效有待提高。赣州未建设联合报批机制。项目用地选址时，用地单位与相关用地保障部门间沟通协调不够，有时未提前征求自然资源部门意见，导致项目选址不科学，项目用地报批带来巨大困难。

第三节　赣州做大做强龙头企业的政策建议

在赣州推动龙头企业做大做强的战略背景下，政策的制定和执行显得尤为关键。本节将通过分析现有产业环境和企业发展需求，探讨如何通过政策优化企业结构，提升其核心竞争力，并借助创新驱动、资本运作及人才策略等多方面措施，加速企业的成长。政策建议将围绕建立健全的培育机制、推动壮大企业规模、加强产业链协同及优化营商环境等核心方面展开，旨在为赣州打造一个更加健康和有力的产业生态系统提供理论和实践支持。

一、建立龙头企业培育机制

采用企业数据分析法，主要依据企业规模识别衡量龙头企业，建立龙头企业培育名录，常态化推行龙头企业经营状况分析机制，密切跟踪龙头企业生产经营情况，全力帮助龙头企业提升存量、挖掘潜能，促进龙头企业多接订单多生产，积极做大总量，培育壮大更多百亿级龙头企业。

（一）现代家居产业

通过做大做强美克美家、格力电器等龙头企业，加快形成现代家居产业集群。顺应数字化、智能化、健康化、绿色化发展趋势，推动传统家具企业由“制造”向“智造”提档升级。鼓励家居企业与网络运营商、电器生产商、房地产商深度合作，推广场景化定制、智能家居定制、全屋定制等系统解决方案，拓展衣、食、住、学、娱、康、养等场景体验和增值服务，推动企业由提供产品向提供“产品+服务”升级。

（二）有色金属和新材料产业

做大做强章源钨业、赣州晨光稀土等企业，加快形成有色金属和新材料产业集群。推动江钨集团把总部设在赣州，大力开展产业链上下游企业兼并重组。培育壮大赣州晨光稀土新材料有限公司、赣州市東薪再生资源有限公司、江西金力永磁科技股份有限公司、虔东稀土集团股份有限公司等企业，着力解决有色金属产业绿色生产和稀土应用材料开发利用，加快打造具有全球影响力的稀土产业集群。推广稀土采矿、分离萃取、冶炼环节的绿色化、低碳化、智能化工艺，提高矿产品加工废弃物的循环利用率。

（三）电子信息产业

通过做大做强同兴达电子、立德电子、宝明显示等企业，推动电子信息产业向中后端纵向延伸，拉长补齐增厚电子信息产业链。全面融入粤港澳大湾区产业协作，重点承接发展基础材料、电子元器件、传感器、智能终端企业，重点发展智能终端、新型显示、新型电子材料及元器件、应用电子等领域，推进“芯屏端网”融合发展格局。实行“链长+链主+联盟”机制，强力推动信创产业发展，努力做大做强信创产业，提高信创产品品牌知名度，提升信创产品市场占有率。

（四）新能源和新能源汽车产业

把握能源革命的历史性机遇，巩固新能源产业集群的领跑优势。深入实施发展新能源汽车国家战略，将智能化、网联化、低碳化作为主攻方向，努力打造新能源汽车全产业链。围绕孚能科技、吉利动力电池等重大项目，推动电池、电驱、电控“三电”系统相关产业集聚发展，促进地区产业链上下游协同。

（五）纺织服装产业

通过做大做强赢家服饰、佰盈体育、仔衣库服饰等企业，迎合消费升级和个性化需求，大力开发创意设计类服饰和运动功能性服饰，形成纺织服装产业集群。提高服装企业的创意设计能力，大力开发蕴含优秀传统文化的“国潮”服饰，推出富有文化底蕴的新产品。鼓励服饰企业研发具有保暖、防晒、抗菌、导汗等特性的服饰新材料，拓展健康舒适、绿色安全的运动及户外休闲功能性服装产品。

（六）绿色食品产业

支持江西齐云山、南安板鸭等龙头企业做大做强，通过技术升级、产品创新，壮大企业规模，抢占市场份额。扶持骨干型企业跨阶成长，鼓励小微企业加强与龙头企业协作配套，顺应大众消费日益多元化、休闲化的趋势，不断开发创新适销对路的产品，打造更多的知名品牌、网红产品。聚焦果蔬、地方特色食品、预制菜等细分产业链等产业，着力引进一批影响力大、竞争力强、知名度高的食品类大企业大集团。

（七）生物医药产业

坚持对外招引与孵化培育并重，鼓励生物医药产业研究机构、龙头企业、中小企业等各类主体做大做强，针对重点项目重点企业，成立服务专班，为企业提供“一对一”和“妈妈式”服务。致力于深入发展中成药、化学药、医疗器械、诊断试剂、宠物健康及特医等各个细分领域，从而构建出“药品+医疗器械+宠物经济”三链协同驱动的发展格局，以实现全面、稳健的产业增长。

二、推动龙头企业壮大规模

（一）推动重大项目建设

充分发挥重大项目的牵引性作用。围绕“1+5+N”重点产业和制造业“7510”行动计划，在产业体系重点领域谋划、建设和储备一批重大项目。针对七条制造业核心产业链和五个先进制造业集群的关键产业项目，深入完善龙头企业重点项目挂钩联系服务制度，并坚决推进招商引资“一把手”工程。全面统筹龙头企业项目的规划布局、立项审批、资源保障、组织实施及调度督办等各个环节，确保项目管理实现全面覆盖。同时，全力以赴做好项目建设全生命周期的保障工作，确保项目顺利推进，为制造业的转型升级和高质量发展提供坚实支撑。

（二）大力培育上市企业

积极发挥中国证监会对口帮扶优势，深入推进企业上市“映山红行动”升级工程。一是推动龙头企业优化股权，建立现代企业制度，完成股份制改造。二是完善龙头企业上市培育、储备和激励机制，引导龙头企业在上交所、深交所、全国股转系统等境内外多层次资本市场上市、挂牌，提升品牌影响力，加速龙头企业做大做强。三是重点针对龙头企业进行上市帮扶，帮助企业家强化资本市场意识，提供综合金融服务方案，梯度推进。

（三）积极实施并购扩张

一是支持企业紧盯行业标杆，加大技术改造投资，推动向产业链和价值链高端延伸。二是优化龙头企业兼并重组的市场环境，引导龙头企业围绕提高产业集中度、延伸产业链。三是鼓励有色金属产业、新能源产业、电子信息产业企业积极开展强强联合、上下游整合等多种形式并购重组，增强龙头企业竞争力[15]。

（四）大力弘扬企业家精神

一是聚焦龙头企业，积极弘扬企业家精神，倡导企业家们坚定信心、信念与信义，勇于担当，敢于创新创业创造。同时，要求企业家们保持专注与专业，不断提升自身素质和能力，实现善作善为善成，构建一支具备高度专业素养、一流水平的企业家队伍。二是致力于构建清正廉洁的亲清政商关系，积极支持龙头企业发展壮大并优化结构，推动其实现创新转型与发展。同时，为企业提供优惠且便捷的政策扶持，努力构建市场化、法治化、国际化的优质营商环境，从而助力广大企业和企业家在新时代背景下实现新的作为、新的提升及新的发展。

三、推进龙头企业创新发展

（一）打造创新支撑平台

一是通过加大龙头企业研发财政奖补力度，引导龙头企业积极建立省级企业技术中心、省级工业互联网平台，牵头或参与产业创新中心、重点实验室、工程研究中心、制造业创新中心和省级新型研发机构等创新平台建设。二是打通高校院所先进技术和科技成果向企业转移通道。促进院企合作是快速提高龙头企业自主创新能力的有效途径，要以企业创新发展与高校院所科研潜力释放为合作切入点，鼓励龙头企业与高校院所聚集优势力量共建高能级科技平台。三是围绕七大产业链，谋划布局产业学院。

（二）加强关键技术攻关

一是通过广泛征集和梳理企业技术需求，组织专家深入挖掘企业技术创新和产品研发需求等途径，推动龙头企业需求与创新成果无缝对接，加快构建“政产学研”深度融合途径。二是引导龙头企业与省内外高校、科研院所合作，打造高校院所、科研平台的人才、技术和设备等科技资源与龙头企业互联互通、合作共享平台。三是支持龙头企业联合省内外高校、科研院所共同参与承担国家、省级重大科研项目，强化产学研用协同创新攻关，增强产业关键核心技术供给。

（三）推进先进技术应用

一是引导龙头企业，尤其是有色金属产业龙头企业，积极进行设备更新改造、产品升级换代、先进技术开发应用等，扩大先进产能规模，政府按照一定比例给予补助。二是推动龙头企业实施新一代人工智能技术与制造业渗透融合和创新应用的智能制造、“机器换工”，引领制造业重点领域数字化、网络化、智能化发展。

四、强化龙头企业对接引进

（一）加大招商支持力度

一是鼓励各地、各园区围绕龙头企业落地量身定制招商政策，在项目代办报审服务、基础设施配套、生产办公用房建设、技术管理团队住房、政府采购首购等方面予以特殊支持，提供“拎包入驻”式优质服务，营造最优的龙头企业投资环境。二是为充分发挥政府各类产业基金的引导作用，致力于利用其“以投带引”的功能，通过市场化运作的方式，有效带动社会资本的投入，从而吸引并引进一批具有影响力的大企业和大项目。三是对于新引进的配套企业特设立奖励机制，将享有与行业领军企业同等的优惠政策待遇，以进一步促进产业协同发展和优化产业链布局。

（二）以科创平台为载体吸引龙头企业落地

当前，赣州已经构建了多层次多要素创新平台，中国稀土集团总部落户，中科院赣江创新研究院、国家稀土功能材料创新中心等“国字号”科研平台落地，稀土新材料及应用集群跻身全省唯一国家先进制造业集群，赣南创新与转化医学研究院成立，要积极推动相应的科创平台与龙头企业联合项目研发，促成科创平台与龙头企业开展合作，通过科创平台吸引龙头企业落地。

（三）通过科创平台的专家库与校友圈招引龙头企业

高校和科研院所都拥有一批杰出校友，依托校友资源对接招引头部企业能够更具亲和力，有效解决招商中“信息”和“信任”的问题。要通过头部平台相关校友企业家项目回归、产业领军人才智力回归，大幅缩短产学研的时间，大力引进龙头企业。

五、保障龙头企业发展基础

（一）降低企业用能成本

一是提高电力保障水平，延续优化工业企业电价补贴政策。继续优化“获得电力”营商环境，缩短办电时长、减少办电环节、提高供电可靠性，降低企业用电成本。二是在用能保障层面，针对通过实施节能技术改造、环保技术改造等措施所释放的能耗指标，应予以优先配置，以支持龙头企业及其产业链关键环节的项目建设。

（二）提升金融支撑能力

一是在金融支持方面，全市相关单位应根据龙头企业融资现状，及时建立融资需求信息库。围绕七大产业链，组织金融机构提前介入项目策划、实现精准对接。二是加大对龙头企业信贷支持，推出符合产业个性、满足企业融资需求的产品，用好央行货币政策工具，降低企业融资成本。三是用好用活产业基金，围绕“1 +5 + N”重点产业和制造业“7510”行动计划，设立产业引导基金、发行各类债券、打好金融产品组合拳。

（三）强化人才驱动作用

一是合理规划人才的“引育管用留”围绕“1 +5 + N”重点产业和制造业“7510”行动计划及独角兽企业、瞪羚企业、专精特新“小巨人”等企业，分行业、分板块、分梯队合理引进、培育、储备人才。二是以龙头企业人才需求为导向，推进市属及驻市高校学科建设，创新人才培养模式，围绕七大产业链培养更多高端人才，在现代家居产业方面，推动市属高校积极开设工业设计等相关专业，在绿色食品产业方面，推动赣南科技学院加快设立食品工程专业。三是在人才支撑方面，聚焦感情留人、事业留人和环境留人，坚持创优政策、做强平台，通过支持龙头企业自主推荐认定人才、高校定向人才培养等方式，切实解决龙头企业人才缺乏问题。

（四）构筑用地要素保障

一是在用地保障方面，市级统筹管理的新增建设用地指标应与全市重大项目直接挂钩。在新增空间规模中，预支一定比例用于保障近期重大项目的用地发展需求。多措并举争取用地指标，指导各县（市、区）积极争取更多项目进入国家用地保障的盘子。二是强力推进占补平衡工作，压实区县和乡镇责任，积极引导社会资本及多元化主体参与占补平衡工作。三是大力盘活存量用地，对存量土地盘活工作“打包奖励”，将土地资源转化为经济发展的“金土”——“存量”变“增量”，“寸土”生“寸金”。四是进一步简化审批程序，运用“交地即交证即开工”服务模式，缩短用地规划许可证、不动产权证、工程规划许可证、施工许可证等手续的办理时间。

（五）畅通物流交通体系

一是优化物流空间布局，提高物流业发展与城市空间、产业体系的协同匹配度，提高货物集疏运效率，以优质和规模化的产品输出降低物流成本。二是交通方面，推动交通与产业、空间协同发展。打通“大动脉”、畅通“微循环”，拓展交通运输网络的深度和广度。三是大力推进综合立体交通网建设，增强水陆空国际战略通道能力。

六、发挥产业集群促进作用

(一) 实施产业基础再造工程

围绕“7510”行动计划中的产业集群，聚焦产业底层技术健全协同攻关机制，强化基础产品推广应用体制建设，加快推进实施产业基础再造工程。针对“7510”行动计划中的产业集群，加强基础领域产业共性技术、高端技术、前瞻性技术的研究攻关，加快科技成果的转化和产业化[16]。

(二) 促进产业集群提能升级

根据“7510”行动计划中的产业集群布局，以产业链链长制作为关键着力点，精心策划产业集群的培育方案。在此过程中，致力于优化和增强主导产业的龙头企业实力，同时针对不同层级的专精特新中小企业群体进行精准培育。加快构建和完善优质企业的梯度培育体系，推动大中小企业之间的深度融合与协同发展，从而进一步提升产业集群的整体规模和能级。

第五章　赣州国家物流枢纽与现代物流体系建设新高地

在全球经济日益一体化的今天，物流业已成为推动国家和地区发展的关键动力。随着信息技术的快速发展和全球贸易的不断扩张，建立一个高效、现代化的物流体系对于提高区域竞争力、推动经济增长具有至关重要的影响。我国经济的迅猛发展，特别是在地方级别，使得物流基础设施的优化和提升被视为促进经济发展和区域一体化的核心因素[17]。

赣州近年来一直致力于构建现代物流体系，希望通过提升物流枢纽的功能来增强其区域经济的核心竞争力。赣州地理位置优越，是连接珠三角、长三角和中西部地区的重要节点，自然具备发展成为区域物流中心的优势。此外，还具备产业优势，有脐橙、钨、稀土、氟盐化工等产业集群[18]。然而，物流枢纽的建设和发展不仅需要硬件设施的支撑，还需要精细化管理、政策引导和服务创新等软环境的配合。

本章将基于习近平总书记在江西考察期间明确提出的要大力发展口岸经济，并积极建设区域性物流枢纽和商贸中心这一重要指示，以赣州物流基础设施的现状为切入点，深入探讨其在推动地方经济发展方面的作用。

然而，尽管物流业在推动经济发展方面发挥了积极作用，赣州在物流枢纽建设和管理过程中仍面临诸多挑战。本章将通过实地调研和数据分析，指出当前物流系统存在的主要问题，如基础设施不完善、服务效率不高及缺乏高技能物流人才等。针对这些问题，提出一系列具体的解决策略和建议，旨在通过优化物流基础设施布局，提升服务质量和效率，以支撑赣州乃至整个江西省的经济现代化进程。

第一节　赣州国家物流枢纽与现代物流体系建设

现代物流业是以现代运输业为重点，以互联网信息技术为支撑，以现代制造业和流通业为基础，集系统化、信息化、仓储现代化为一体的综合性产业[19]。

国家物流枢纽是物流体系的核心基础设施，是集中实现货物集散、存储、分拨、转运等多种功能的物流设施群和物流活动组织中心，是辐射区域更广、集聚效应更强、服务功能更优、运行效率更高的综合性物流枢纽，在全国物流网络中发挥关键节点、重要平台和骨干枢纽的作用[20]。

习近平总书记在江西考察时指出，大力发展口岸经济，建设长江经济带重要节点城市，打造区域性物流枢纽和商贸中心。赣州荣幸地成为首批入选国家物流枢纽建设的23个城市之一，其目标聚焦于商贸服务型国家物流枢纽的打造。在这一过程中，赣州国际陆港扮演着举足轻重的角色，成为推动赣州商贸服务型国家物流枢纽建设的核心平台。物流业的发展水平对区域经济的发展具有显著的促进作用，已经成为地区间竞相发展的黄金产业。

当前赣州正加快建设革命老区高质量发展示范区，作为江西对接融入粤港澳大湾区桥头堡，加快赣州国家物流枢纽基础设施建设，改造提升传统物流设施，补齐物流服务短板，配套智慧物流平台，抢抓国家完善“通道+枢纽+网络”现代物流体系的机遇，提升现代物流体系支撑能力，能有效推动赣州经济转型升级、完善构建现代产业体系、增加社会就业和地方财政收入，为加快建设革命老区高质量发展示范区提供“强大引擎”。

一、赣州国家物流枢纽基础设施建设的重要意义

国家的“十四五”规划明确了建设现代物流体系的目标任务。2022年12月，国务院发布的《“十四五”现代物流发展规划》指出，现代物流是连接生产和消费的重要桥梁，它整合了运输、仓储、分拨、配送和信息服务等功能，对产业链的延伸、价值链的提升和供应链的构建起到了关键作用。在现代流通体系的构建中，现代物流发挥着先导性的作用；在促进强大国内市场的过程中，它承载着基础性的支撑功能；对于实现高质量经济发展而言，现代物流具有战略性的意义；同时，它也是现代化经济体系建设不可或缺的一部分。

现代物流体系主要包括物流基础设施、物流作业、物流管理和信息系统等部分。特别值得关注的是，物流基础设施在其中扮演了核心角色，涵盖了公路、铁路、港口、机场、流通中心、仓储和运载设施，以及网络通信基础等。

物流基础设施的建设不仅强化了区域竞争优势，还可能引发其他地区的经济衰退，成为经济增长的强大驱动力。首先，基础设施的建设本身就能增加对商品和服务的需求。其次，地区物流基础设施的完善会提高城市化水平，促进贸易往来的频繁，进而影响邻近地区的经济活动，从而加强区域竞争优势。然而，这也可能导致其他地区的经济衰退。最后，经过协调的物流基础设施投资对区域生产总值的影响是独立投资决策的3~4倍。

以山东省临沂市为例，这个商贸物流中心通过加强国家物流枢纽的基础设施建设，充分发挥了国家物流枢纽的核心引领作用，加速了物流的转型升级，全面构建了现代物流体系。根据《临沂市物流枢纽建设规划》的数据，临沂市凭借其繁荣的物流产业，汇聚了超过4000家物流企业，其中规模以上企业达到290

家。这里公路物流线路丰富，运输速度快且价格合理，物流专线遍及全国所有县级以上城市，能够高效连接各大港口和重点边境口岸。临沂市物流枢纽以其“网络发达、成本洼地”的特点，形成了“点发全国、双向对开”的物流服务模式，实现了配货快速、高频发车，为综合物流服务提供了显著优势，日均货物发送量达到 90 万吨，规模居全国地级市之首，初步构建了由航空、铁路、公路、内陆港等多类型物流枢纽设施支撑的立体化国际物流体系。

因此，加快赣州国家物流枢纽基础设施建设，提升现代物流体系的支撑能力，将推动赣州与国内和世界各地的联系与合作，加强区域协调发展，实现资源共享和互补优势。这不仅能吸引更多外来投资，推动赣州的社会经济发展和产业升级，还能加强赣州与其他地区的联系和交流，拓展对外开放渠道，提升赣州的对外影响力和竞争力，在推动赣州资源在全球范围内的流动中起到重要的战略支点作用。

二、赣州物流产业发展态势

近年来，随着物流业整体规模的稳步扩大，赣州现代物流体系也不断完善，基础设施持续优化，枢纽建设显著突破，并且服务体系也不断完善。物流业的发展为赣州的“1 +5 + N”产业体系提供了卓越的服务支持，且有效促进了赣州现代化产业体系的建设和经济的高质量发展，为赣州“7510”行动计划提供“强大引擎”。赣州物流产业发展已经初步形成“发展结构优化、保障环境完善、枢纽建设突破、服务能力提升、信息水平提高、运输体系优化”的态势。

（一）物流发展规模持续扩大

近年来，赣州的物流业呈现出迅猛的发展态势，整体规模持续扩大，对经济贡献率不断提高。2023 年，铁路货物运输量 579 万吨，比上年增长 3.2%；公路货物运输量 23836 万吨，比上年增长 5.4%。2022 年，社会物流总费用 630.93 亿元，比 2020 年增加 130.44 亿元，年均增长率 12.3%（全国年均增长率为 9.3%），2016—2022 年社会物流总费用与 GDP 比率由 16.23% 下降为 13.95%，赣州物流业转型升级态势持续向好、物流发展结构持续优化。根据赣州物流协会数据，2023 年赣州物流业景气指数除 1 月和 7 月低于 50%，其余月份均高于 50%，保持在扩张区间，且呈现上升趋势，物流行业市场活跃程度不断增强。

（二）政策保障环境不断完善

近年来，通过健全法规规章、推行物流标准、搭建物流业发展融资平台等重要举措，赣州物流业发展环境不断优化，相继编制《赣州区域性物流中心发展规划（2013—2030 年）》《赣州市国家物流枢纽发展规划（2021—2025）》《赣州市“十四五”物流产业发展规划》等，明确了物流产业发展阶段性目标。对标粤港澳大湾区进一步优化提升营商环境，印发《赣州市对标湾区持续优化提升营商环境工作方案》，物流营商环境不断优化。如赣州市交通运输局全力推进服务型行政执法建设，开展公路治超“织网”提升工程，将“讲法理、讲事理、讲情理”贯穿于治超执法全过程，坚持政策法规宣传和违法曝光制度相结合，坚持先进典型引领，组织开展了全市货物源头管控、守法企业年度评定工作，着力提升货运车辆超限超载治理体系和治理能力现代化水平，深入推进交通运输营商环境优化升级。

（三）物流设施建设取得突破

根据《赣州市国家物流枢纽发展规划（2021—2025）》，到2025年，基本建成要素配置能力强、服务品质高的商贸服务型国家物流枢纽，争取发展成为集商贸服务型、生产服务型和陆港型等为一体的国家物流枢纽承载城市。赣州不断加大力度推进物流节点的建设，致力于打造具备较大规模和一定影响力的物流枢纽，随着这一进程的推进，物流产业的集聚效应正逐渐显现。全市建成物流园区32个（面积150亩以上的园区12个），区域分拨中心10个，乡镇配送中心285个，村级快递网点3424个。公共配送（分拨）中心仓库面积约30万平方米，营业性通用仓库面积173万平方米，设立海外仓13个，国际物流节点布局有所突破。全市建成冷链物流园区7个，库容78万吨，其中，预冷库32万吨、冷藏库37万吨、冷冻库9万吨。

（四）物流对外通道持续拓展

赣州国际陆港“组合港”取得创新突破，采用“一次申报、一次查验、一次放行”的通关模式，在全国首创“跨省、跨关区、跨陆海港”，实现了同港、同价、同等效率的陆海港一体化融合发展，把沿海港口闸口延伸至赣州国际陆港。赣州国际陆港还建成了国际集装箱调拨中心、跨境电商集拼中心、仓储物流中心、进口汽车检测中心、国际木材集散中心及冷链物流产业园。赣州国际港站货物发送量持续增长，截至2023年10月底，已累计发送货物185万吨，同比增长18%，其中海铁联运重箱货物99万吨，同比增长28%。2023年，赣州国际陆港吞吐量达27.3万标箱。

（五）物流服务能力不断提升

赣州物流主体服务能力明显增强，主要头部物流（快递）企业均已设置区域分拨中心，目前已投运10个（邮政、顺丰、中通、申通、韵达、圆通、京东、德邦、丹鸟、跨越），辐射所有县（市、区），快递配送已覆盖100%的乡镇，依托南康家具、赣南脐橙、钨和稀土等优势产业，赣州的物流产业集群正持续发展壮大，展现出强劲的发展势头和巨大的潜力。截至2022年，全市物流企业2042家，其中运输型企业1692家、仓储型企业45家、综合型企业181家、快递型企业124家（分支机构173家）；其中国家标准A级物流企业78家（4A级10家），A级物流企业的增量和总量连续五年名列江西省第一，占江西省总量的近四分之一。构建了县、镇、村三级物流配送网络，赣州致力于消除物流服务的“盲区”，将物流配送服务的覆盖范围扩展至各个行政村，从而有效解决农村物流配送中存在的难、慢、贵问题，确保农村居民也能享受到高效便捷的物流服务。如京东物流凭借着扎实的基础设施、创新的数字技术能力，不断优化物流端服务，立足果农角度，开辟赣南脐橙生鲜绿色通道，缩短商品和消费者之间的距离，储备了大集散中心（赣州、信丰、瑞金、会昌）、1000余个揽收点、300多台物流车辆、51条直发线路、1000余名专项操作人员，以优质、高效、专业的常温鲜果高品质寄递服务，助力赣南脐橙“香飘”全国；并通过切入赣南脐橙产业上下游，提供品牌加持、营销推广等商流服务，帮助果农果商实现更多创收，更好助力地区特色农产品经济发展。

（六）科技信息水平显著提高

赣州“互联网+第四方物流”供销集配体系实现18个县（市、区）全覆盖，有力补齐了全市寄递物流短板。采用现代信息化手段，推进“互联网+”农产品出村进城，通过整合第三方的社会物流资源，赣州积极推动生产、商贸企业与物流配送企业之间的紧密合作与资源共享。这一举措有效解决了区域内物流企业各自为战、重复投入大、运营成本高及服务质量参差不齐的问题，促进了物流行业的整体优化与协同发展。如瑞金市，作为江西省第一批县域物流配送体系试点建设县市，通过试点着力完善县级物流配送中心建设、乡镇物流配送站、村级服务网点建设，充分整合县域内商贸、供销、快递、冷链等资源，加快提升县域物流标准化、信息化、集约化水平，进一步畅通城乡流通渠道，满足农村居民消费升级需求。

（七）综合运输体系逐步优化

出台《赣州市“十四五”综合交通运输体系规划》，深入推进交通强国试点建设，实施交通物流枢纽建设行动，推动主要港口铁路进港全覆盖，完善综合货运枢纽多式联运换装设施。目前，全市拥有2座民航机场（黄金机场和瑞金机场），民航通航城市达35个；拥有铁路货运站20个，其中二等站2个（赣州东站为国家二级铁路物流基地）；共7条营运铁路，运营里程达923千米；拥有8条高速公路，通车总里程达1729千米，约占江西省总里程四分之一；赣州港五云综合枢纽码头正式开港，赣江航道基本具备三级通航条件，赣州港（水运）综合枢纽初步建成。

加快赣州国家物流枢纽基础设施建设，将进一步强化赣州区域竞争优势，也是夯实赣州交通运输“基本盘”、提升赣州现代物流体系支撑能力的重要基础，将充分激发“大体系”对“大物流”的促进作用，吸引更多优质物流大企业入驻，不断扩大物流市场主体，形成物流产业集群，进一步引领赣州物流业发展，助推赣州经济高质量发展。

第二节 赣州国家物流枢纽与现代物流体系建设的主要问题

强化物流基础设施建设对现代物流体系及区域经济发展的推动作用至关重要。通过加强区域内物流基础设施、产业园区物流中心、配送中心等建设，构建健全的区域配送网络，不仅能够促进当地物流系统的成长，还能满足经济发展的需求。许多地区在积极建设物流枢纽基础设施时，充分利用其综合交通基础设施的优势，推动枢纽经济的发展。然而，也有一些区域在物流枢纽和综合交通基础设施的建设过程中，未能协调两者之间的发展，限制了区域经济的发展。具体表现为两种情况：一是综合交通运输建设速度超过了物流枢纽服务的发展速度；二是物流枢纽的过度建设未得到相应的综合交通运输能力支持。

面对新的形势和挑战，物流业在为赣州建设革命老区高质量发展示范区作出贡献的同时，也存在发展不平衡和不充分等问题，必须克服一些短板和障碍。比如，物流枢纽规划、管理、建设和运营。

一、梯次配置需完善，空间布局需优化

（一）梯次配置亟待完善

众多城市选择依托物流枢纽和综合交通基础来大力发展枢纽经济，然而，物流枢纽与枢纽经济之间仍有较大差距，赣州对物流枢纽的梯次配置尚不明确，枢纽经济的实现仍有待完成。2023 年，赣州已建设 32 个物流园区，其中南康区占有 10 个，其他各县（市、区）普遍拥有 1 ~ 3 个，部分地区尚未建成。这种分布未能形成面向东盟及粤港澳大湾区的有效物流枢纽梯次配置。相较之下，山东省临沂市加速构建以商贸服务型国家物流枢纽为核心，五个区域物流枢纽为骨干，N 个城市级物流枢纽为补充的“1 + 5 + N”三级物流枢纽空间格局，成功打造了枢纽经济的集聚区。南宁市也规划了以国家物流枢纽为核心、层次分明的“4-7-10”物流枢纽空间体系框架。

（二）物流产业融合有待改进

物流产业对区域经济发展的推动作用显著，其作用的发挥依赖于物流业与其他产业的融合、协调、互动式发展。只有区域物流与相关产业实现联动融合，才能促进经济的显著增长。赣州国际陆港在通道构建中，成功围绕南康家具产业特色，为其发展注入活力。然而，赣州其他物流园区在建设过程中存在一些问题。这些园区在结合地方产业特色方面显得不足，比如缺乏依托国家物流枢纽深化产业上下游和区域经济活动的专业化分工合作，未能有效推动各种要素的大聚集、大流通、大交易，从而限制了物流园区在促进地方经济发展中的潜力发挥。相较

之下，临沂市围绕综合交通枢纽、产业集聚区，分别打造了五个区域骨干物流枢纽，包括陆港型、临港型、生产服务型、空港型和冷链物流基地，为产业提供了有力支持。

（三）物流基础设施分布不合理

赣州现有的物流枢纽项目大多集中在中心城区，而县（市、区）缺乏综合服务能力较强的项目，现有的物流枢纽布局与赣州市的发展定位、城市空间布局形态及城市发展需求不相适应。此外，目前规划的“一港多区”结构层次不够清晰，主体功能和引领作用不显著，一港多区建设定位不明确，各自为战，缺乏项目支撑，货物类型重叠，“大全低”“小散乱”“孤岛”现象较为突出，区域一体化联动效应不强，物流枢纽在助推重要经济片区以及重点产业园发展方面，其引领和推动作用尚未达到理想状态，表现出一定的局限性。

二、立体物流待建构，多式联运待补充

在现代物流体系中，立体物流和多式联运是提高效率与降低成本的关键环节，对于提升整体物流效能和减少运输成本至关重要。立体物流指在物流系统中整合多种运输方式（如公路、铁路、航空和水运），并结合仓储、信息处理等服务，建立一个多维度、高效能的物流网络。这种物流模式能够优化资源配置，简化运输路径，缩短运输时间，从而提升整体物流效率。

多式联运是指货物在同一运输合同下，通过两种或多种运输方式完成运输。例如，货物可能先通过铁路运输到港口，再通过海运到达另一个国家，最后通过卡车运输至目的地。多式联运的优势在于它可以结合不同运输方式的优势，减少装卸过程中的损耗和成本，提高货物运输的安全性和效率。

为了建立有效的立体物流和多式联运系统，不仅需要加强物流设施的硬件建设，还需要构建高效的物流信息系统和协调机制，确保不同运输方式间的无缝衔接和信息的实时传递。通过这种整合，物流服务质量得以提升，响应速度加快，从而为地区经济发展提供坚实的支撑。当前，赣州在这方面的建设存在显著缺陷。

（一）综合运输体系与立体物流的缺失

赣州的铁路通道不完整，许多规划中的铁路尚未建设，水运网络发展不足，除了赣县五云综合港，缺乏其他正规货运码头，航空运输同样滞后，航空口岸建设缓慢，尚未开通航空物流专线。以南宁市为例，2022 年水路货物运输量达到 4554.3 万吨，航空货邮吞吐量达到 15.2 万吨，赣州市与之相比还有较大的发展空间。

（二）多式联运组织能力的不足

赣州在空地联运、公铁联运方面存在短缺，缺乏龙头带动的多式联运经营主

体，导致运输方式间联合运营效率低下，信息不畅，数据不共享，成本高昂。高铁物流仍处于规划阶段，航空物流发展缓慢，黄金机场缺乏全货机保障配套，对于“航空+高铁”“驮背运输”等现代新型运输组织模式的研究与实施也不足。相较之下，荆州已建立荆州航空服务产业园，整合周边物流资源，依托广州白云机场、武汉天河机场、荆州沙市机场等开展航空货运业务；同时，依托中远海运的航线资源，提供港口配套和特种货物运输服务，发展水运业务；此外，通过整合国内知名物流公司和周边物流资源，形成覆盖全国的铁路、公路运输网络和车辆团队，实现了“空水铁公”的全覆盖。

三、要素保障待加强，内部循环待畅通

（一）要素保障不到位

一是用地方面。赣州国际陆港占地仅 2.33 平方千米，而临沂现代物流城规划建设占地 176 平方千米、郴州国际陆港规划总面积 26.38 平方千米、成都国际铁路港 33.6 平方千米、重庆国际物流枢纽园区 35.5 平方千米。赣州东站物流园区，还存在规划范围内用地问题难以解决，因此，用地支撑亟待保障。二是资金方面。赣州国际陆港完成投资 130 余亿元，但在充分挖掘各大银行对国际陆港建设融资支持方面亟待发力。三是人才方面。物流专业人才已被列入我国 12 类紧缺人才之一，赣州拥有 15 万名物流从业人员的大队伍，但经过专业培训和认证的专业物流师还不到 400 人。

（二）核心物流枢纽作用待发挥，内部循环待畅通

赣州市域物流节点设施发展缺乏整体统筹，枢纽自身集聚整合资源优势不显著，与区域内其他物流设施及工业园区、产业集群功能对接、联动发展不足，导致“内循环”不畅。此外，物流节点设施功能分工和协作不明确，物流企业和园区布局分散，尤其是以电商快递为代表的企业自发布局偏多，集聚区少，缺乏组织管理，难以形成有效的产业集聚效应和规模效应，制约现代物流高质量发展。赣州核心物流枢纽赣州国际路港“一核引领”作用未有效发挥。2022 年，赣州国际陆港开行中欧（亚）班列 259 列，仅占全国的 1.6%（为 1.6 万列），与西安市长安号中欧班列开行 4639 列、山东齐鲁号中欧班列开行 2057 列相比有很大差距。

四、协同互联待拓展，对外通道待丰富

（一）区域协同不足

赣州区位条件得天独厚，作为赣粤闽湘四省的交通要冲，它不仅是江西的南大门，更是珠三角地区的直接腹地，同时也是海西经济区不可或缺的重要组成部分。目前赣州国际陆港“组合港”取得创新突破，但跨区域协同发展能力还需

加强，向西、向北、向东的对外大通道还未打通，与广州、厦门、泉州、宁波、上海等地沿海港口还有合作空间，在全力推广运营“组合港”模式，把更多沿海港口“搬到”赣州上还有待拓展。

（二）畅通“外循环”不足

赣州在与其他物流枢纽的联动发展上显得较为薄弱，目前物流枢纽的建设与经营基本处于各自为政、粗放管理的状态。缺乏整体布局的统筹规划和业务上的紧密联动，导致未能形成面向东盟及粤港澳大湾区的物流枢纽梯次配置，无法充分发挥物流枢纽的集群效应和协同效应。对比四川达州，地处内陆，不靠江，也不沿海，铁路运输成为货物进出口的主要方式，近年来，开行“三向班列”和9条物流专线，持续完善进出通道网络。

五、信息科技待投入，市场主体待培育

（一）信息化水平低，科技投入薄弱

目前，赣州无物流信息公共平台，暂无统一的提供物流信息、整合物流资源、在线交易、管理物流作业、辅助决策的物流信息化平台。少数企业有意识地自建物流信息平台，但大部分物流企业仍停留在传统模式上，且为企业自身业务发展服务。

（二）市场主体竞争力待增强

赣州物流市场主体“散、小、弱”为主的格局仍未发生根本性改变。现有物流企业以运输、仓储型企业为主，业务模式传统单一，企业发展能级、物流管理技术、资源整合力度有待增强，缺少本地龙头物流企业示范带动。道路运输企业中个体业务偏多，大多数的供应链企业主营范围仅为省市区域。第三方物流企业服务水平不高，专业化、精细化、系统化服务水平低，尤其缺乏一体化物流服务能力，多式联运经营人、综合物流集成商、供应链服务商发展不足，物流头部企业数量偏少。

六、降本增效待深化，营商环境待优化

（一）降本增效待深化

赣州在工业物流全链条上存在着显著的效率低下、成本高昂及综合效益不明显的问题，物流枢纽节点要素集聚与整合能力较弱，公路货运占全方式货运总量绝大部分，多数物流企业服务模式落后，冷链物流、航空物流等专业化服务能力不强，对比深圳，赣州企业物流成本占生产成本中的比重整体上更高，物流效率更低。

（二）营商环境待优化

赣州的物流组织机制尚需进一步完善，尤其是在跨区域和跨部门的沟通协作

方面。目前，物流行业的分工不够清晰，而且物流体系的建设、发展与改革工作涉及多个部门，如商务部门、交通部门、铁路办、交控集团等，农村物流则涉及供销和农业农村等部门。因此，有必要强化各物流部门的职责和分工，以确保各项工作的高效推进。

同时，各市区、县区的物流职责分工也需要明确加以规定，以促进物流行业的整体协调发展。为了适应现代物流业的发展，相关政策体系、产业引导资金及补贴政策也需要进一步完善并得到有效实施。此外，口岸服务、行政审批等配套服务体系也有待加强，以提供更好的物流服务支持。

第三节 推动赣州物流枢纽建设与支撑能力提升的策略

赣州作为重要的区域物流中心，其发展对促进区域经济和产业升级具有重大意义。如何通过优化物流枢纽布局、完善产业供应链、充实物流市场主体和强化物流服务，来推动赣州物流枢纽的发展，并整体运营职能。力求为赣州打造面向西欧、中欧、东欧及粤港澳大湾区的高效、现代化的物流枢纽体系，支撑和促进地区经济的快速发展。

赣州作为区域物流的重要枢纽，对于推动区域经济繁荣和产业升级具有极其重要的影响。为了进一步推动赣州物流枢纽的发展，需要采取一系列措施，包括优化物流枢纽布局、加强产业供应链、增加物流市场参与主体及提高物流服务质量等，从而全面提升赣州物流枢纽的整体运营效能。通过这些策略，将为赣州构建一个高效、现代化的物流枢纽体系，以更好地服务于赣州及粤港澳大湾区，进一步支持和促进当地经济的快速增长。

一、优化物流枢纽布局，推动枢纽经济聚能

（一）优化物流枢纽布局

一是进一步完善全市物流规划总体布局，在国家级物流枢纽核心引领下，围绕赣州市综合交通枢纽、产业集聚区，再分别打造区域骨干物流枢纽和城镇物流枢纽，构建面向东盟及粤港澳大湾区的物流枢纽梯次配置。建议尽快完成编制《赣州市商贸服务型国家枢纽建设实施方案》，推动全市交通物流设施科学布局、有机衔接，畅通“市内市外双循环”物流网络，建立健全枢纽物流园区、县区配送中心、乡镇综合服务站、村级综合服务点四级物流体系。在赣州的未来发展策略中，需要紧密结合其现有的空间布局形态，制定一套全面而系统的规划。这一规划的核心在于强化物流枢纽在推动重要经济片区发展、构建战略性通道及支持重点产业园建设等关键领域中的核心作用，以此来引领和促进赣州的整体经济

发展。落实好赣州国际陆港规划，与全市国土空间规划紧密衔接，抓紧做好控规、修规编制等工作，为了加速推进赣州地区的经济发展，致力于加强以赣州国际陆港为核心的商贸服务型国家物流枢纽的建设。这一建设不仅涵盖了铁路场站等关键基础设施的完善，还包括八大核心功能区的全面升级和优化，旨在构建一个高效、便捷、综合的物流体系，以满足日益增长的商贸服务需求，从而推动赣州国际陆港成为连接国内外市场的重要枢纽。

（二）完善重点产业供应链

一是推动国家物流枢纽与各类产业集聚区的深度联动发展，以此提升制造业的物流服务水平，并积极探索供应链集成服务的创新模式。通过这一举措，将强化物流企业的供应链一体化服务能力，确保产业链的高效、稳定运行，从而增强赣州在区域乃至全国物流网络中的核心地位。二是把握中华全国供销合作总社对口支援的宝贵机遇，积极构建以全国供销合作社系统为引领的赣州特色农产品产销平台。这一平台将致力于构建布局合理、运作高效的农产品市场网络，确保农产品的顺畅流通。同时，将持续拓宽赣州特色农产品的销售渠道，助力农民增收，推动农业产业的可持续发展。

（三）壮大物流市场主体

一是培育引进龙头物流企业。发挥国家物流枢纽建设运营标杆企业示范带动作用，对新认定的国家3A、4A和5A级物流企业分别给予奖励。鼓励物流企业通过参股控股、兼并联合、资产重组、协作联盟等方式做大做强，形成一批技术水平先进、主营业务突出、核心竞争力强的现代物流企业集团。加快物流领域本土驰名商标、著名商标的培育创建工作，逐步扩大品牌效应，推动品牌物流企业做大做强做优，提升品牌价值。二是建立赣州重点物流企业名录库，强化物流企业对物流产业发展的主体作用。三是抓住中华全国供销合作总社对口支援的宝贵机遇，深化赣州内外社有企业之间的联合协作，启动并实施"龙头企业入赣"行动计划。这一行动旨在通过引入和培育具有强大竞争力的龙头企业，发挥其在产业链和价值链中的引领作用，推动赣州的产业链向更高层次、更高价值领域迈进，进而实现整个产业结构的优化升级和高质量发展。

二、强化物流保障服务，提升枢纽运行效能

（一）强化物流要素集聚

一是加大物流人才培养和引进力度，完善人才激励机制。引导赣州市属及驻市院校设立物流相关专业，推动物流领域产学研用合作。为了吸引和留住物流领域的优秀人才，将优先筛选出符合条件的物流枢纽企业，将其纳入急需紧缺人才企业名录。对于这些企业中的物流类高层次人才，将参照相关人才政策，提供一系列具有吸引力的扶持措施，比如创业资金支持等，以营造更加优越的工作和生

活环境，从而进一步推动赣州物流产业的繁荣发展。二是进行综合统筹，确保做好物流枢纽用地保障工作。在国土空间规划的编制与修订中，将特别关注赣州国家物流枢纽项目及其周边产业和城镇的用地情况，并对其进行土地利用规划的修编，以扩大城镇建设用地的规模。同时，在年度用地计划的分配中，将优先确保赣州国家物流枢纽重大项目的建设发展用地需求得到满足。三是进一步优化“获得电力”的营商环境，致力于为企业提供更加便捷、高效的服务。针对国家物流枢纽承载的项目，将根据国家相关政策，对其用水、用电、用气的价格实施相应的优惠政策。这一举措旨在降低企业的运营成本，进一步提升物流枢纽的竞争力，为其创造更加良好的发展环境。

（二）组建物流业发展中心

进一步推动体制机制改革创新，整合市口岸办职责，加快研究推动设立市级物流行业管理机构，牵头统筹协调全市口岸、物流业发展各项工作。各县区也应同步对应设立物流行业主管部门，加强市县联动，形成工作合力，如宜昌市物流业发展中心由市发改委管理，履行全市物流业发展的指导、协调和服务职责，黄石市港口物流发展中心属市政府直属事业单位，主要负责研究拟定全市港口物流发展战略、中长期发展规划和政策措施并组织实施，协调、指导全市港口物流发展、项目建设、招商引资等工作。

（三）成立赣州物流集团

加快推动组建成立赣州物流集团，实现政府和市场两只手协同发力，有效整合全市及周边物流资源和商品资源，促进全市物流业降本增效和高质量发展。赣州物流集团以物流产业、商贸产业、客运产业为主体，充分发挥公共物流服务平台的聚集作用，在物流、资金流、单证信息流互联互通，多式联运等方面发挥更大的作用，共建物流产业良好生态圈。

（四）优化物流营商环境

一是坚定不移地深化“放管服”改革，加快政府职能的现代化转型。致力于打造一个物流领域的“一站式”审批平台，通过这一“单一窗口”，打破传统束缚，消除物流行业中阻碍效率提升与创新发展的制度枷锁。二是策划并出台一系列激励政策。积极招引国内外一流的物流企业扎根此地，以期通过这些行业的翘楚带动整个物流市场的繁荣发展，形成物流产业的集聚效应，共同开创物流行业的新篇章。三是降低物流税费成本。按规定落实好物流企业大宗商品仓储设施用地城镇土地使用税等税费优惠政策。落实好企业从事国际运输服务增值税优惠政策，引导物流企业申请生产、生活性服务业加计抵减政策。支持网络货运平台依法依规代开增值税发票。严格落实鲜活农产品运输“绿色通道”政策，降低鲜活农产品运输成本。四是市场监管部门要开展机动车检验专项整治行动，严肃查处虚假检验、串通涨价、违规收费等行为，坚决整顿机动车检验市场乱象。

三、完善物流枢纽网络，培育枢纽新动能

（一）拓展对外物流通道

一是结合货物流向，利用铁路、码头等枢纽优势，与其他港口和物流枢纽相互合作拓展海运、空运、铁路运输线路，强化战略合作和业务联系，加强分散货源组织，提高货运规模化组织水平，进一步整合物流资源，拓展与广州、厦门、泉州、宁波、上海等沿海港口的合作，推广运营“组合港”模式，把更多沿海港口“搬到”赣州。二是支持区域骨干物流枢纽和城镇物流枢纽积极拓展对外开放平台，如兴国县，作为兴泉铁路始发站，依托兴泉铁路与既有福厦铁路及众多的港口支线，与泉州港务集团合作，融入海西经济区铁路网，成为海西经济区向内陆辐射的重要枢纽节点。三是突出南向通道、融入北向通道、优化东向通道、补充西向通道。向北主动对接和服务长三角一体化发展，加快建设赣粤运河，实现2000吨级船舶畅行，有效对接长江。向东融入海西经济区铁路网，向西加快打通厦渝主通道和昆厦、赣郴等省级通道。

（二）加快发展数字物流

一是加快建设赣州物流枢纽综合信息服务平台，依托统一标准和规范，建立综合的物流园区信息平台，发挥数据集成共享的作用，整合公路、铁路、航空干线运输企业、货运代理企业需求信息资源，打造供需智慧、高效对接的物流枢纽综合信息服务平台。二是积极倡导并鼓励前沿技术的探索与应用。从仓储到配载，再到运输，每一个环节都尝试融入北斗、5G等新一代技术，以创新驱动作业模式的变革。同时，不遗余力地推进关键物流技术装备的产业化，加强对物流机器人、自动分拣设备等智能化物流装备的研发，确保这些先进技术能够迅速转化为生产力，并在物流行业中得到广泛应用。三是打造一批物流企业技术中心，为这些技术中心提供全方位的支持。特别是对于那些充满活力和创新精神的科技型中小物流企业，加大扶持力度，帮助它们提升技术水平，增强创新能力。此外，鼓励并支持符合条件的物流企业申报高新技术企业，共同推动物流行业的科技化、智能化发展。

（三）积极发展物流金融

一是创新融资模式，充分利用并灵活调配产业基金。通过政府引导资金和贷款贴息补助等策略性手段，为物流枢纽建设提供坚实支撑。积极鼓励金融机构和融资担保机构参与进来，为物流枢纽企业及其上下游的合作伙伴提供高效、便捷的融资担保服务。进一步提升物流产业的发展潜力，激励符合条件的金融机构或大型物流企业集团等共同发起设立物流产业发展投资基金，集中力量加大对重点物流枢纽设施建设的投资力度，为物流产业的蓬勃发展注入新动力。二是拓展业务领域，鼓励国家物流枢纽的运营企业跳出传统框架，积极与商业银行、保险公

司、信托公司等金融机构携手合作，共同探索与打造物流与供应链的金融新生态。鼓励保险公司发挥其独特的增信功能，为物流枢纽建设运营企业的信贷融资提供保证保险支持。三是强化风险防控，打造一个更为严密、高效的防控体系。鼓励国家物流枢纽运营企业携手金融机构，共同制定并规范金融物流业务的操作流程，确保每一环节都遵循统一、明确的物流金融产品标准。大力推进物流行业的信用体系建设，通过完善行业许可、市场信用、市场监测等机制，建立起健全的信用监管制度。对物流企业实施分级分类的精准监管，以确保整个物流行业的健康、稳定发展。

四、加快基础设施建设，奠定枢纽发展基础

（一）大力发展多式联运

加快国家物流枢纽多式联运基础设施建设，着重强化铁路与公路货运设施的互联互通，特别是加强对外专用通道的建设，积极推广应用先进的快速转运装备技术，先行先试公铁适用的内陆集装箱，鼓励创新“一单到底”“一票结算”服务方式。一是强化铁路疏运，以铁路物流功能为核心、整合区域公路物流功能。加快打通京港、赣广、厦渝等主通道和昆厦、赣韶、赣郴等省级通道；推动赣州东铁路货运二级物流基地资源拓展，打造大宗商品物流中心、铁路货运疏散中心。二是加快水运建设，有效对接长江、珠江水系，建成通江达海的水上通道；协调省港口集团加快推进赣州水运物流园区建设，设立水运枢纽口岸。三是大力发展航空运输，积极向上争取项目资金支持，按要求在“十四五”期间内完成对外开放。基于经开区、信丰等地电子信息产业基础，拓展面向“一带一路”共建国家及东盟的国际货运航线。

（二）加快构建冷链物流网

脐橙、蔬菜、油茶三大产业在这片土地上的主导地位不言而喻，成为引领农业发展的主力军。此外，清香的茶叶、鲜美的特色家禽、珍稀的特种水产等，共同构成了赣州独特且充满活力的区域特色产业格局，推动着这片土地上的农业产业不断集聚发展，绽放新的生机与活力。国家《“十四五”冷链物流发展规划》中明确提出，计划到 2025 年，将布局建设 100 个左右国家骨干冷链物流基地，推动形成国家层面的骨干冷链物流基础设施网络。在当前快速发展的新时代背景下，紧紧把握中央国家机关及有关单位对口支援赣南等原中央苏区的重大机遇。积极对接国家帮扶政策，努力争取成为国家骨干冷链物流基地的建设者，并全力以赴融入“四横四纵”国家冷链物流骨干通道网络建设，打造高效畅通的物流体系。捕捉国家冷链物流建设和省供销联社推动城乡冷链物流骨干网建设的政策导向，迅速融入江西省城乡冷链物流骨干网建设，确保区域冷链物流网络的协调发展。补齐城乡冷链物流建设短板，提升农产品流通水平，增强为农服务的能

力。科学规划城乡冷链物流骨干网的总体布局，在市中心城区及部分县（市、区）建设一批先进的冷链物流中心（基地），并在重点农产品产区乡镇建设冷链物流中转仓，构建全面覆盖、高效运转的供销农副产品冷链物流网络，为农产品保鲜、农民增收提供有力支撑。

（三）推动赣州国际陆港建设融入粤港澳大湾区一体化发展

一是推进赣州国际陆港“一港多区”发展。积极推动赣州国际陆港整合定南、龙南、瑞金等地铁路货运资源，实现统一平台一体化运营，打造对接融入粤港澳大湾区的物流通道主载体。二是拓展与广州等其他粤港澳大湾区沿海港口的合作，把更多粤港澳大湾区沿海港口“搬到”赣州。三是推动赣州国际港与粤港澳大湾区港口合作，打通更多国际过境运输通道，形成辐射全国、联通世界的物流网络。四是关注“最后一公里”的打通，加快与重点产业集聚区、物流园区等的区域性公路、铁路通道建设，增强货物集散能力，实现枢纽、陆港、城市、产业间的无缝对接。

第六章 赣州产业引导基金激活经济新引擎

探索地方经济活化的众多策略中，产业引导基金显现为一种创新举措[21]，逐渐受到各地政府的重视。这种基金不仅能有效引导社会资本投资于初创及高新技术领域，还为地方政府与市场机制的对接提供了新思路。赣州市的实践案例展示了产业引导基金在激活地方经济、优化产业结构中的核心作用，通过支持新能源汽车、现代家居和生物医药等关键产业，推动了经济的多元化发展和结构升级。

近年来，赣州市政府在产业引导基金的设立与运营中展现出显著的决心与智慧，形成了独特的“1+2+N”运作模式。这一模式不仅提升了资金使用的效率，还增强了政府与市场之间的互动，为地方经济注入了新活力。本章深入分析赣州产业引导基金的运作机制、面临的挑战及其解决策略，探讨其在促进经济多元化发展中的重要作用。通过这一案例，旨在为其他地区制定和实施产业政策时提供参考与借鉴，推动地方经济的持续健康发展。

第一节 赣州产业引导基金发展现状

政府引导基金，作为政策性金融工具，通过政府资金的注入与市场化运作相结合，旨在弥补市场资本在特定领域的不足。其核心理念在于，运用政府权威和财政资源，引导社会资本投向高新技术和初创企业，以克服市场失灵现象，并提升财政资金的配置效率。各级政府通过预算安排，独立或联合社会资本设立该基金，交由专业投资机构以股权投资等市场化手段，精准投向经济社会发展的关键领域和薄弱环节，推动创新创业和产业结构优化升级。

引导基金按照“政府引导、市场运作，科学决策、防范风险”的原则运作，政府一般不参与日常管理事务[22]。财政部门仅指导基金建立科学决策机制，确保政策性目标实现。引导基金的募资、投资、投后管理、清算、退出等均通过市场化方式运作。

在引导基金的组织形式构建中，专业权威机构普遍倾向于采用有限合伙制、公司制和契约制等多样化架构，其中有限合伙制占据了主导地位。有限合伙制作为一种成熟的组织结构，由普通合伙人（GP）和有限合伙人（LP）共同构成。

GP在基金运作中担任核心角色，负责基金的日常事务管理，并承担无限连带责任，确保基金运营的稳健性和专业性。而LP则主要承担出资责任，不直接参与基金的日常经营管理，其责任范围仅限于其出资额度，实现了资本与管理的有效分离，有利于风险控制和资源优化配置。引导基金多以母子双层结构运作，子基金由母基金全额或部分出资，母子基金均可引入社会资本，最大限度撬动社会资本。在权益结构上，引导基金的LP分为优先级与劣后级，一般由社会资本认购优先级，享有固定收益，国企或政府指定主体认购劣后级，为优先级资金垫底。引导基金的运作模式主要包含参股、跟进投资及融资担保三种[23]。

一、赣州产业引导基金发展现状

为进一步发挥财政资金的引导和放大效应，规范赣州产业基金的设立和运作，推动赣州市各大产业高质量发展，根据相关法律法规，2019年1月赣州市出台了《赣州“两城两谷两带”产业基金设立与运作方案的通知》(赣市府办字〔2020〕9号)，并据此制定了《赣州“两城两谷两带”产业基金管理办法》。

2024年1月，赣州市出台了《赣州市政府产业引导基金管理办法（试行)》。该办法规定，产业引导基金由市政府财政出资设立，按市场化方式运作的政策性基金，注重发挥财政资金的引导和放大效应，引导各类资本、项目、技术和人才向赣州“1+5+N”产业聚集，帮助相关产业做大做强。原赣州“两城两谷两带”产业引导基金（有限合伙）更名为“赣州市政府产业引导基金”，作为政府产业引导基金的统一出资平台进行统筹管理。产业引导基金收回的本金及其收益先按规定上缴市财政，再滚存投入产业引导基金中。

产业基金采用“1+2+N”模式，1即引导基金；2即下设2支母基金，即工业引导母基金、产业投资母基金；N即两支母基金下设若干子基金。

工业引导母基金以赣州市政府产业导向和区域导向为主，投资侧重于对区域经济有引领作用的政策性重大产业、重大项目和招大引强项目，可通过直接投资、设立重大产业引导子基金等方式整合并购，进行定向投资。

产业投资母基金通过引进社会资本和专业管理机构，采用市场化运作，采取优胜劣汰的机制选择拟投资基金及项目，以投资收益回报为主要目标，同时推动赣州六大重点产业的转型升级和并购整合。

围绕政府产业引导基金“募、投、管、退”四个环节，赣州产业引导基金运行情况如下。

(一) 募资

“两城两谷两带”产业基金统筹整合赣州市及县（市、区）财政、市属国企、产业龙头企业等各方投入，自设立起三年内实现基金总规模400亿元。各级基金的资金募集方式均为一次性认缴，采取承诺出资，分期货币化实缴。

1. “两城两谷两带”产业引导基金

赣州“两城两谷两带”产业引导基金于2020年4月22日成立，注册资本为200100万元。该基金由市、县（市、区）两级财政进行出资，各县（市、区）出资统一汇总至市财政局，由市财政局作为引导基金设立的有限合伙企业作为单一出资主体，向引导基金进行出资。截至2023年的信息显示，该基金已实缴出资210100万元，基金管理人为赣州发展投资基金管理有限公司。

2. 工业引导母基金和产业投资母基金

赣州发展工业引导母基金成立于2020年9月，基金认缴规模40亿元，投资可具备落地（投资）赣州且符合赣州六大重点产业及各地首位产业方向的项目储备。基金管理人为赣州发展投资基金管理有限公司。

产业投资母基金即赣州光控苏区高质量发展产业投资基金，于2020年12月成立，基金认缴规模为25亿元。该基金专注于电子信息、医疗健康、新能源、稀有金属、大消费（包括现代家居、纺织服装）等领域的投资机会，并围绕赣州“1+5+N”进行产业布局。该基金由光大控股、赣州金融控股集团有限责任公司、赣州两城两谷两带产业引导基金（有限合伙）联合体发起设立，由光大控股母基金团队以市场化的方式进行运营及管理。

3. N个子基金

对工业引导母基金所设立的子基金，原则上母基金出资不超过50%，对产业投资母基金所设立的子基金，原则上母基金出资不超过30%。

（二）投资

“两城两谷两带”产业引导基金发起设立涵盖重点产业全产业链、全生命周期子基金群，遵循发挥市场决定性功能和政府引导作用的总要求，根据财政部印发《政府投资基金暂行管理办法》（财预〔2015〕210号），产业引导基金应按照“政府引导、市场运作、专业管理、企业参与、管控风险”的原则运作，对符合产业发展方向的优质项目进行股权投资。

1. 基金投向

基金投向主要围绕赣州市六大重点产业及各县（市、区）首位产业发展，着力育龙头、补链条、建平台、保要素、强集群。

（1）产业引导基金：产业引导基金全部投向母基金。

（2）母基金：各基金优先投资本地企业，也可“投外引内”，返投比例不低于100%，可按基金实际投资额、“投外引内”于本地新设立的企业实缴资本或固定资产投资额等方式核算返投资金。工业引导母基金的资金65%投向设立的子基金，35%进行直投、跟投。母基金所设子基金以“两城两谷两带”社会化项目为主，主要以联合外部优秀的专业机构投资子基金为主进行市场化投资，借助社会资本，推动六大产业转型升级和并购整合。

（3）子基金：围绕“两城两谷两带”等产业、涵盖全产业、全生命周期产业进行投资，重点设立重大产业引导（招大引强）、重大产业并购基金进行投资。

2. 决策程序

（1）管理委员会。由市政府主要领导及相关部门组成，负责统筹、协调、审议产业基金重大事项；管委会下设办公室，办公室设在市发投集团，负责产业基金组建设立和管理运作的具体事务，以及管委会日常事务。

（2）立项管理委员会。产业基金各级基金均设独立的立项会，各自负责本级基金投资业务的立项审核；引导基金、产业引导母基金立项会由发投集团负责组建，由5~9名委员组成，组成人员包括行业专家，以及法务、财务、风控等专业人士；产业投资母基金及产业基金各子基金立项会按照合伙协议约定予以确定。

（3）投资决策委员会。除管委会决策确定的重大投资外，产业基金各级基金均设独立的投决会，为本级基金投资决策机构；产业投资母基金及产业基金各子基金投决会按照合伙协议约定组建，实行市场化、专业化决策。

（三）投后管理

完善投资标的公司治理。产业引导基金或其子基金投资标的企业后，一般取得董事或监事席位，特别是董事席位，参与重大事项决策与研究，增加过程管控，一定程度上提高了企业内部治理水平，监督企业规范运作，防范国有资产流失。

链接增值服务资源。产业引导基金所投基金或企业项目，一方面可通过基金管理人优先链接赣州发展集团内部融资租赁、供应链金融、保理、小贷、周转贷等多板块横向金融资源；另一方面还可以通过链接各板块已投项目、合作机构、产业上下游等资源创造纵深价值，尽可能地赋能企业持续发展。

（四）退出

引导基金期限10年，母基金期限7+3年（7为投资期，3为退出期），子基金期限5+2年（5为投资期，2为退出期）。

二、赣州产业引导基金发展成效及关键投资案例

（一）发展成效

赣州市政府金融办公室在推进基金助力产业振兴发展方面，充分发挥了作为基金牵头部门的核心作用。该办公室秉持专业、严谨的态度，积极学习并借鉴了其他地区在基金运作和产业振兴方面的先进经验和做法。通过精心组织、周密部署，扎实推进了基金与产业发展的深度融合，为赣州的产业振兴注入了强劲的动力，并取得了显著且积极的成效。

1. 强化市场运作，推动基金规模“上台阶”

立足于明确的产业发展定位，赣州市政府金融办公室致力于构建专业化、高

效率的基金管理机构。积极深化与粤港澳大湾区城市及省级产业引导基金的战略合作，通过实施“财政投资引导、国有企业募资、专业机构跟进”的多元化投资策略，成功搭建起多层次、结构化的母子基金体系，形成了独具特色的“1+5+N”产业基金模式。至2023年底，赣州已组建起共计59只产业基金，这些基金的总规模超过350亿元，实缴规模达到175亿元，位列江西省设区市首位。这一成绩充分展现了赣州在基金管理和产业振兴方面的专业能力和权威地位，为地方经济的持续健康发展提供了强有力的支撑。2023年11月27日，赣州成功举办了产业基金促进赣州高质量振兴发展大会，会上签约产业基金13只，签约基金总规模达143亿元。

2. 因地因企制宜，丰富基金投资“工具箱”

推动赣州市政府产业引导基金联合南康区政府合资设立30亿元的产业基金，专项入股家居龙头上市公司美克家居，成功推动企业注册地、总部和产业完整跨省搬迁至南康；推动市政府产业引导基金联合龙南建控集团组建基金，参与投资5.1亿元，成功促进其在龙南落地江西佳纳项目，成为赣州首个三元前驱体生产项目；推动赣州发展基金公司以唯一机构投资人身份投资逸豪新材，并推动其在深交所创业板上市，截至2024年10月23日，逸豪新材的总市值达33.97亿元，溢价达3.6倍。

3. 提升服务水平，构建基金投资“生态圈”

赣州市政府金融办公室与中国基金业协会、上海证券交易所、深圳证券交易所及北京证券交易所建立了紧密的战略合作关系，致力于通过一系列精心设计的配套制度，积极鼓励基金落户赣州、加大基金对赣州的投资力度，并推动基金产业的集聚发展。在这一战略框架下，赣州成功建设了一批基金产业集聚区，其中章贡区并购基金产业园已吸引超过1200家企业入驻，成为基金业发展的重要平台。同时，南康区基金咨询服务基地也取得了显著成效，累计接待私募基金管理人、投资人咨询超过180万人次，为基金业提供了全方位、专业化的服务支持。对投资项目启动“长陪伴”服务计划，投前阶段，市县联动提供全方位要素保障，优先满足企业土地、用工、资金等需求；投后阶段，积极主动为企业导入客户和供应商产业链资源，帮助企业与专业投资管理机构、金融机构建立互信关系，提供上市辅导、定制金融等服务。

（二）关键投资案例

1. 道氏股份——锂离子电池材料全生命周期绿色制造项目

通过赣州紫荆融创股权投资基金管理中心（有限合伙）和赣州发展定增壹号投资基金合伙企业（有限合伙）参与广东道氏股份有限公司定向增发，分别以15000万元和36000万元股权投资的方式购买上市公司广东道氏技术股份有限公司定向增发的股票，占该上市公司股权比例的5.1%，赣州市政府金融办公室采用专业化的基金招商模式，成功引导广东道氏技术股份有限公司投资“锂离子电池材料全生命周期绿色制造项目”入驻龙南富康产业园。该项目总投资规模达到125亿元，规划用地面积约1000亩，专注于锂电池材料三元前驱体、高端钴镍盐等核心产品的制造，并涵盖废旧锂电池的高效回收与再利用。项目分二期建设，首期投资75亿元，其中一期建设内容为年产10万吨动力电池正极材料前驱体、2万吨金属钴盐产品、3万吨金属镍盐产品及5万吨废旧锂电池回收再利用；二期总投资50亿元，建设内容为5万吨动力电池正极材料前驱体和5万吨废旧锂电池回收再利用项目。项目建成投产后年主营业务收入可达100亿元，年纳税5亿元以上。

2. 美克国际家居用品股份有限公司迁址

通过赣州发展美家家居产业基金合伙企业（私募股权投资基金）参与上市公司美克国际家居用品股份有限公司定向增发，以投资额20.49亿元受让美克投资集团有限公司所持有的美克国际家居用品股份有限公司定向增发股票，持有该上市公司10%的股权，通过基金招商的方式促成该上市公司注册地从新疆乌鲁木齐市迁址至南康现代家居产业城，于2021年1月13日取得赣州市行政审批局颁发的营业执照，正式成为南康区的上市公司，该公司的生产规模、装备水平、技术水平及工业化生产水平居同行业领先水平，公司管理、销售和产品研发方面的能力已跻身世界著名的制造商行列，是我国最大的家具出口企业之一。该公司拥有规模化、专业化、绿色化的生产园区和入选工信部“互联网+”在工业应用领域十大新锐案例的智能工厂，高效的企业管理平台，实力雄厚的工业设计中心和覆盖全球的销售网络。截至2023年12月31日，赣州发展美家家居产业基金合伙企业持有美克家居1.77亿股，市值为4.88亿元。该合作项目对地方经济产生了显著影响。首先，通过引入地方产业基金作为战略投资者，美克家居得以借助资本市场的力量，扩大融资渠道，增强企业竞争力。其次，赣州发展美家家居产业基金的介入，有助于提升南康家具产业园的品牌影响力和区域产业竞争力，推动产业集群的高效发展。此外，赣州现代家居产业集群在2023年的营收已突破2700亿元，并计划到2025年实现倍增升级，达到5000亿元。

第二节　赣州产业引导基金运作难点及原因分析

自赣州产业引导基金成立以来，其在推动地方产业发展和资本运作方面已显现初步成效。然而，在实施过程中，该基金也面临诸多挑战与难题，如资金募集难题、市场化运作困境、风险管理复杂性等。这些问题的深层次原因涉及多方面，包括投资理念的淡薄、运作模式的落后及地方产业发展基础的薄弱等。本节将通过具体案例与数据分析，深入探讨赣州在推进产业发展资本运作过程中所遇到的实际困难。这不仅有助于明确问题所在，也将为后续解决方案的探讨和改进措施的制定提供实证依据，以期达成更有效的应对策略。

一、存在的主要难点

(一) 募集资金及市场化运营难

从国内政府产业引导基金的运行态势来看，成功的案例普遍遵循一个原则：政府仅扮演出资人角色，通过与具备专业基金管理资质的机构或投行、金控公司携手合作，将基金的管理、募集、投资与退出环节全权委托给这些合作伙伴处理。相较之下，赣州目前的情形显得有所不同，基金的管理、募集和投资等各个环节主要由行政部门承担。合作对象主要集中在银行和实业企业，但由于缺乏基金运作的专业知识和实践经验，各部门普遍面临操作上的挑战。

在追求高收益投资方面，赣州也面临不小的困难。政府引导基金本质上是一种高风险、高收益的股权投资，其利润主要来源于少数项目股权退出时产生的高溢价。然而，赣州传统重型工业占比较大，新兴产业基础相对薄弱，这使得产业投资基金在寻找高收益项目时面临诸多限制，股权退出和变现的难度也相应增加。此外，资金规模相对较小和激励机制的缺乏，使得赣州在吸引优秀普通合伙人（GP）方面面临挑战。多家银行表示，在没有政府明确兜底承诺的情况下，它们对将资金投入市场化运营的引导基金持谨慎态度。这些因素共同构成了赣州在基金运作中面临的多重挑战。

(二) 风险监督管理难

在产业引导基金的领域里，投资往往被描绘为一场高风险与高收益并存的博弈。实际上，这种投资模式在前期往往难以见到直接收益，且项目的成功率并不乐观，通常不会超过五成。真正的利润，往往来源于后期几个成功项目股权退出时所带来的高额溢价。

为了谨慎行事并有效规避潜在风险，政府在其中的角色往往是监管者而非决策者。政府不直接参与具体的项目投资决策，而是将更多的精力放在监管投资的范围上，确保资金的安全和符合社会效益。在追求收益方面，政府并不贪婪，而是更看重资金的安全性和为社会带来的正面效益，因此，大部分利润都留给了社会投资者，以此鼓励更多的社会资本参与其中。

然而，在赣州市，对于基金运作的风险认知似乎还不够深入。有些部门在运作过程中追求的是百分之百的成功率，且对基金向市外投资持保守态度。更为关键的是，在投资后对企业的发展缺乏专业的指导，这无疑进一步降低了投资成功的可能性。这种态度和方法，或许需要更深入的反思和调整。

(三) 基金专业人才匮乏

(1) 政府部门工作人员对产业投资基金认识不足。政府各部门、各县（市、区）对私募股权投资基金及政府出资产业基金实际运作规范了解程度不一，如有些县（市、区）仍处于被动接受状态，对产业基金认识不足，基金运作和股权投资的基本知识不够，习惯通过土地政策、税收优惠等传统让利性质的招商方式开展工作，忽略了产业基金资本招商带动效用。截至 2021 年 6 月底，赣州辖内 20 县（市、区）中，仅赣州市和赣州经开区设立了产业引导基金。

（2）缺乏专业基金管理团队。政府各部门对于将专项资金整合进母基金这一举措始终心存疑虑，这导致母基金的政府出资部分难以如期到位。同时，各子基金在分散运作的模式下，也难以摆脱行政管理的束缚，实现真正的市场化运营。这种小而散的运营模式，很难吸引到国内大型基金管理公司的目光，从而无法进行专业化和市场化的运作，使得整个基金投资管理与传统的政府投资公司相差无几。目前，政府引导基金的管理团队在多方面能力上显得捉襟见肘，包括资本运作、技术评估、项目甄别、企业管理等，同时还缺乏必要的技术背景、法律知识和财务管理能力。这不仅使得他们难以挑选出合适的基金管理机构，更在对子基金的运作监管上显得力不从心。

二、原因分析

（一）政府层面

（1）投资理念的淡薄。政府产业引导基金本应遵循市场化原则，通过尽职调查和决策框架来降低风险，并借助投资协议明确各方权责。然而，由于资本市场的不确定性，投资回报可能不稳定，甚至存在失败的风险。政府部门在基金运作和决策过程中，往往缺乏市场化理念，过于浓厚的行政色彩导致投资项目多为行政部门领导推动，政府部门对产业发展认识不足，对企业需求理解不够，这限制了基金的筛选范围，延长了尽职调查周期，减缓了投资项目的落地速度，影响了基金效率并增加了运作成本。同时，政府还未明确产业引导基金资金的监管和审计程序，仍主要依靠财政资金管理模式，这使得有效评价和审计监督难以实施。

（2）角色定位不清晰。在赣州市本级与县（市、区）财政部门和托管机构之间，职责分工缺乏制度化规定，容易受到人为因素的干扰。例如，赣州发展投资基金管理有限公司作为赣州发展投资控股集团的孙公司，其人事管理属于市委组织部，业务管理归市国资委，而绩效考核则由赣州市财政局负责，这种跨部门的管理模式在工作协调上存在困难。此外，政府产业引导基金的管理也较为分散，如赣州经开区产业引导基金的管理涉及管委会财政局、企工局、金融局、招商局等多个部门，这种分散的管理体制影响了基金的管理效率。

（3）缺少容错机制。私募股权投资基金因其高风险特性，受政策调整和市场环境的影响较大，投资项目可能面临亏损。目前，赣州市本级及经开区对政府产业引导基金尚未建立容错机制，也没有明确政府引导基金管理团队的尽职边界，对于已履行投资决策规定程序且无道德风险的投资决策未予以免责，这导致政府和基金管理机构在决策时存在避险心理，不敢或不能有效投资。

（4）经营目标不一致。政府产业引导基金和社会资本在风险承受和盈利期望上存在分歧。政府通常期望保值增值并实现政策目标，因此要求较大的话语权；而社会资本追求经济效益最大化，其出资比例通常远高于政府引导基金。这种分歧导致市场资本在投资决策中感受到较弱的市场化参与感，且其预期收益可能因政策需求而受限，低于自由投资的收益。

（二）引导基金层面

（1）投资决策与监管流程烦琐且效率低下。政府产业引导基金的投资决策机制市场化程度不足，投资项目需经过投资决策委员会和基金管理委员会审批。例如，赣州经开区的政府产业引导基金对子基金的出资决策，1 亿元以下的项目由工发集团决策，1 亿元以上需上报区国资办和区管委会。这种决策流程较慢，可能导致初创和成长期企业错过投资机会。同时，国有资本参与的企业在上市或挂牌时，需满足国资监管的审批要求，影响运作效率。

（2）运作模式较为传统，缺乏多元化。政府产业引导基金多采用母子基金模式，如赣州的“两城两谷两带”产业引导基金和经开区的产业引导基金，缺乏其他替代方式，如投贷联动、基金+平台公司、公共平台打造等。此外，对注册地址、出资比例、投资比例、返投比例等有严格要求，如经开区规定子基金需在区内注册，母基金出资额不超过 25%，子基金对单个项目的投资额度不超过子基金规模的 20%，返投比例不低于经开区出资的 150%。这些要求限制了产业基金的发展空间。

（3）投资者赋能不足，公司治理和增值服务有待提升。产业引导基金或其子基金投资标的企业后可获得董事或监事席位，但在提升企业内部治理水平方面做得不够。管理公司未充分利用其资源和优势，为标的企业提供更多服务，如拓展客户、介绍高管、协调中介机构、争取政府资源等。投后管理人员虽定期了解企业运营状况，但在企业遇到困难时，很少主动提供解决方案。

（三）发展基础薄弱

（1）本地优质项目偏少。赣州的工业现代化进程可谓起步迟缓，起点较低，这使得其产业集约化程度远未达标。由于缺乏有效的协调与整合，相关企业之间未能形成一条稳固的产销供应链，因此，在面对市场波动时，其抗风险能力显得尤为薄弱。这直接导致赣州一些备受重视的战略产业难以打响知名度，而龙头企业的市场占有率及品牌效应也显逊色，产业规模尚未能形成显著的集群效应。因此，能够跻身国家级或省级重点培育企业名录的项目寥寥无几，地方企业的发展前景在投资者眼中并不被看好，其可投资价值自然也就不高。

（2）产业集聚程度有待加强。赣州辖内20个县（市、区）中，除章贡区、经开区、南康区、龙南市已初步形成产业集聚效应外，其他多数县（市、区）产业基础较薄弱、区位条件较差，土地供给和出台的税收政策优惠难以满足投资方的需求，其产业政策、优质资源和项目储备的保障程度较低。

（3）配套中介服务机构不足。私募股权投资基金涉及配套中介机构包括会计师事务所、律师事务所、资产评估机构、第三方尽调机构等。据赣州发展投资基金管理有限公司和赣州赣晟投资管理有限公司反映，赣州本地私募股权投资基金业务的律师事务所和第三方尽调机构很少，且专业性不强，难以满足业务需求。

第三节　对标先进地区产业引导基金运行经验借鉴

2015年《政府投资基金暂行管理办法》《关于财政资金注资政府投资基金支持产业发展的指导意见》等文件发布，各省、市（区）级地方政府成为产业引导基金发起和设立的主力军。赣州产业引导基金所面临的各种问题，有共性问题也有个性问题，以问题为导向，各地设立的产业引导基金已经有不少探索实践。

一、引入让利滚动机制与外商投资股权投资企业（QFLP）试点，畅通引导基金募资渠道

通过建立灵活让利机制，国资对于民营资本适度让利，以缓解政府资金和市场资金目的不同的矛盾；积极推动开展QFLP试点，引进境外资金参与引导基金出资。

（一）建立超额让利机制

深圳市天使投资引导基金有限公司于2018年3月设立，初期规模50亿元，2020年7月增资50亿元（总规模100亿元）。截至2023年底，天使投资引导基金累计投资近800个天使项目，培育潜在的独角兽企业161家。根据《深圳市天使投资引导基金实施细则》，天使母基金在收回对子基金实缴出资后，以其享有的子基金全部超额收益为上限，向满足要求的子基金管理机构及其他出资人进行让利，但不承诺子基金管理机构及其他出资人投资本金不受损失，不承诺最低收益。子基金采取项目“即退即分”和基金整体“先回本后分利”原则，在各合伙人收回全部实缴出资后，若子基金满足投资细则的要求，天使母基金将投资于深圳地区项目所得全部收益让渡给子基金管理机构和其他出资人。

杭州萧山区产业发展引导基金截至2023年规模达30亿元。返投金额不低于产业引导基金实际出资额的1.5倍，原则上在投资期前2年完成50%的返投金

额；返投认定及让利机制由管委会办公室另行制定。对于满足相关要求且盈利的子基金，设置了回购、让利等奖励机制。

（二）开展 QFLP 试点

深圳于 2012 年出台《关于本市开展外商投资股权投资企业试点工作的暂行办法》，正式启动 QFLP 试点工作。2017 年和 2021 年先后两次进行修订。2024 年 1 月 5 日印发新的《深圳市合格境外有限合伙人试点办法》。截至 2023 年底，共吸引外资企业设立 QFLP 管理企业超 200 家，发起 QFLP 基金 62 家；2024 年 1 月前海首批 QFLP 总量管理试点落地，3 家前海港资 QFLP 管理企业新获总量管理试点额度合计 9 亿美元。新办法的亮点包括优化调整试点名称及登记备案要求、明确支持前海和河套区域试点工作、开展试点基金总量管理、进一步拓宽试点基金投资范围、进一步便利化申请流程、明确试点基金托管要求等。相较于其他试点地区，香港投资者在前海参与 QFLP 试点享有准入要求更低、投资范围更宽、跨境投资更方便、会商流程更简化等优势。

上海继 2011 年率先启动 QFLP 试点后，先后于 2012 年及 2017 年发布相关文件。2024 年 1 月 10 日，上海市人民政府办公厅印发《关于进一步促进上海股权投资行业高质量发展的若干措施》，提出深化 QFLP 试点，参与试点的管理人若其控股股东、实际控制人、普通合伙人三者之一满足经营、管理或从事资产管理、投资、相关产业 5 年经验等条件的，支持其在中基协登记；推动 QFLP 试点创新，拓展投资领域和方式，优化申请和变更流程，便利主权基金、养老基金、捐赠基金、大学基金等机构投资者通过 QFLP 试点投资实体企业。2024 年 7 月 30 日，上海市人民政府办公厅发布通知，提出探索开展境外机构投资人参股人民币基金一次性结售汇试点。此外，上海临港新片区也在深化 QFLP 试点，对符合条件并完成登记备案的股权投资机构，按其实际募集资金规模给予奖励，对成功落地的试点机构根据其获批额度给予规模奖励；同时鼓励试点企业投向符合国家导向的前沿产业、重点产业，支持符合条件的试点企业开展跨境双向流动。

二、实施市场化决策和放宽返投比例，打破引导基金投资限制

（一）建立市场化决策体系

深圳市政府于 1999 年发起设立深圳市创新投资集团有限公司（简称“深创投”）。截至 2024 年 4 月 30 日，深创投总规模为 4775 亿元，其中创投业务 2485 亿元，包括综合型基金、专业化基金、区域化基金、S 基金、并购基金、商业化母基金。深创投管理的 7 只政府引导基金的总体规模达 1697 亿元，不动产基金规模 432 亿元。

在深圳市政府引导基金的运作中，政府虽扮演着委托方和管理方的双重身份，却选择了以低调姿态介入，将主导权归还给市场力量。这一策略体现在引导

母基金对子基金日常运营管理的非干预态度上，让深创投这样的专业机构按照市场化原则自主管理基金，筛选合适的子基金和投资项目。深圳市政府的目光更多地聚焦于如何激活那些“沉睡”的财政资金，提高其收益回报率，其操作手法与商业性风险投资机构颇为相似，展现出一种更加灵活、高效的政府投资模式。

深创投已通过混改完善法人治理结构，提升管理效率，国资部门大力下放审批权限，增强投资效率；实施市场化激励机制，并以内部估值报告代替国资认定的评估报告进行投资。

（二）放宽投资标的返投比例限制

许多政府产业引导基金逐步放宽投资当地比例的计算标准。苏州逐步放宽投资标的返投比例限制，降低返投比例，扩大返投范围定义，将与当地产业相关的企业和项目纳入返投计算范围。青岛市财政局、市地方金融监管局于2022年联合印发的《进一步支持打造创投风投中心若干政策措施奖励实施细则》显示，青岛市将政府引导基金返投比例进一步降至1.1倍，放宽返投认定标准，支持多种方式灵活投资，同时提高政府的出资比例。珠海市横琴新区政府投资基金面向社会公开招募子基金管理机构，返投比例更低，子基金投资于一体化区域的资金原则上不低于子基金中政府投资基金出资额的1倍。杭州萧山区子基金返投金额不低于产业引导基金实际出资额的1.5倍，原则上在投资期前2年完成50%的返投金额。

（三）放宽投资行业的限制

深圳市政府引导基金，在其战略视野的宽广布局中，特别聚焦于战略性新兴产业的投资。这一领域不仅覆盖广泛，而且其发展趋势相对独立，较少受到政府宏观规划的直接影响。在投资的选择上，基金并未设定过多的界限和约束，而是更多地以具体项目的潜力和前景为考量标准，力求捕捉每一个具有发展潜力的项目。深创投的投资行业主要为高端装备制造业（25%）、消费品（18%）、信息技术（15%）、生物技术/健康（14%）、新材料/化工（11%）、互联网/新媒体/文化创意（10%），均为创新程度高、技术密集型的新兴产业，有利于全面带动产业升级改造和优化提升。

杭州萧山区明确重点投向区内围绕战略产业发展的重大战略性产业项目、省市县长工程项目和省重大产业项目等，聚焦纤维新材料、智能汽车两大优势产业，智能物联、生命健康和高端装备等新兴产业，补充其他未来产业，促进“2+3+X”先进制造业集群建设。

三、完善绩效考核机制与增值服务体系，营造引导基金健康发展环境

通过建立完善的绩效考核机制，引入容错机制，构建全面的增值服务体系等措施，为引导基金的发展创造宽松的环境。

（一）构建引导基金“梯队”服务

苏州市在发展产业基金方面位于全国前列，通过多元化、多层次的引导基金“组合拳”，为企业种子期、初创期、成长期、成熟期等全阶段提供服务（见表6-1）。

表6-1　苏州产业基金“梯队”设立情况

基金名称	基金介绍
苏州市产业引导基金	主要投资于苏州市工业、农业、服务业、科技、文化、旅游等产业领域，重点支持苏州市新兴产业发展和传统产业优化升级
苏州市创新产业发展引导基金	总规模500亿元，首期规模120亿元，大力发展新一代信息技术、医疗健康、先进设备制造与物联网、消费升级与文化
苏州工业园区创业投资引导基金	主要通过基金参股的方式，支持在园区新发起设立、专注于投资创业企业的早期基金、成长基金，其中重点支持早期基金。重点投资生物医药、纳米技术应用、人工智能等园区重点发展的新兴产业
苏州高新区天使投资引导资金	专用于引导区内天使投资机构对初创期科技型企业投资，支持内容主要为阶段参股、奖励补贴和风险补助
苏州市相城创新产业发展引导基金	总规模100亿元，首期30亿元，重点投资工业互联网、大数据、智能驾驶、先进材料、科技金融、生物医药六大产业，以及“大研发、大文化、大健康”三大未来产业
苏州市东吴创新创业引导基金	首期规模为2亿元，引导社会资本加大对吴中区创新创业型人才项目及吴中区两大主导产业、战略性新兴产业领域的投资。重点投资智能制造和机器人、生物医药大健康、军民融合等吴中区战略性新兴产业

（二）引入长期的绩效考核机制

根据财政部《关于加强政府投资基金管理提高财政出资效益的通知》（财预字〔2020〕7号），为解决政策目标重复、资金闲置和碎片化等问题，提出了六项加强管理的要求，包括实施政府投资基金全过程绩效管理。因此，引导基金绩效考核体系的建设显得尤为重要。地方政府在对引导基金的绩效考核方面也采取了因地制宜的做法，例如北京市政府投资基金，依据引导基金运营周期建立了考核绩效体系，根据《北京市市级政府投资基金绩效评价管理暂行办法》（京财绩效〔2019〕717号），对政府投资基金绩效评价的组织形式进行了规定，包括财政部门的阶段性财政评价和行业主管部门的年绩效自评价。通过调整绩效评价周期，建立长期合理的考核体系，解决考核机制与基金长期目标不适配的问题。同时，在绩效考核指标设置上更具灵活性，包括基金合规性、基金效率与价值、政策效果三个部分，其中三级指标及权重，可根据项目具体实施情况进行适当调整。

（三）建立容错免责机制

深圳国资授权深创投建立国有投资容错机制。在遭遇项目挫败后，有一套严格的回溯审查流程。若经过详细调查，发现项目运作过程完全符合既定程序规范，只是投资结果未能达到预期设定的量化标准，便不会对投资经理进行责任追究。但是，在内部评估中，会以其未达成目标的实际情况为依据，从经济层面对其绩效工资进行相应调整。如果调查发现投资经理未能恪守公司规定的勤勉义务，或涉及与投资企业之间的不正当利益输送，以及存在任何道德问题，将毫不留情地追究其责任，确保公司利益和声誉不受损害。

（四）建立强力的赋能服务体系

（1）推进资源整合。深创投通过“投资团队 + 企业服务中心 + 全员服务”模式，提供监督管理和资源整合服务。通过派出董事、监事、财务总监等方式，提高企业社会公信力；在产、供、销等环节整合企业与政府资源；提供管理服务，解决企业关键问题；帮助企业上市、并购、重组及后续融资。

（2）打造金融服务平台。苏州元禾控股经历了三大发展阶段，从单一的创投业务发展为多元业务（股权 + 债权 + 金融服务），逐步满足本地需求后向外地拓展业务，并从单一公司发展为集团化公司。第一阶段主要以直投模式为主；第二阶段组建集团，股权投资通过直投、母基金等方式运作，并完善多种金融服务；进入发展壮大期后，搭建一体化投融资服务平台，开始向海外拓展业务，形成完整业务架构：股权融资平台 + 债权融资平台 + 投融资服务平台。

第四节　完善政府产业引导基金支持重大产业项目建设的对策

围绕赣州市第六次党代会提出的实施“三大战略、八大行动”推动革命老区高质量发展示范区建设阔步前行的总体要求，对标赣州市出台《“1 + 5 + N”工业倍增升级行动方案（2021—2035）》中提出要做大“两城两谷两带”产业基金和市重大工业项目引导资金规模，大力发展风险投资、创新投资基金的具体要求。以问题为导向，以其他省市的先进做法为借鉴，对完善政府产业引导基金支持我市重大产业项目建设提出三个层面的意见建议。

一、建立一项机制、推进两项工作，缓解引导基金募资难题

（一）构建具有吸引力的利益共享机制

为了增强基金管理公司和参与投资的各类资本的积极性，应制定一套全面的考核制度。在初始阶段，可以将市域外的投资比例放宽至50%，以鼓励更广泛的投资参与。此外，母基金应采取低比例分红的方式，并将分红收益主要用于风

险的补偿和基金的持续发展。

（二）推进基金债发行工作

通过发行基金债，可以有效缓解市财政支出压力大，平台企业认缴出资不实等问题。用好基金债，拓宽政府产业基金筹资途径。

1. 基金债介绍

基金债是国家发改委审批的企业债券中的一种创新产品。相对企业债项下的其他产品，基金债在发行主体、募投项目、审核程序等方面具有如下特点：

（1）发行主体。基金债的发行主体可为创业投资基金或产业投资基金及管理机构的股东、有限合伙人等，或是具有创业投资业务的企业。

（2）募集项目。募集资金用于发起设立创业投资基金或产业投资基金，或是对上述类型基金进行增资。

2. 基金债优势

（1）项目手续简单。不与固定资产投资项目直接挂钩，手续简洁。

（2）审核流程简化。申报流程享受发改委审核绿色通道，效率高、周期短。

（3）政策支持明确。国家发改委发文大力支持、引导基金债发行。

（4）资金运用灵活。募集资金投入基金，通过基金运作而投入项目，资金使用灵活，受限较小。

3. 基金债发行要素

（1）发行主体要求。政府性应收款（政府对主体的应付）项占净资产比例不超过60%；资产负债率不超过85%；主体评级AA+及以上，或优质主体AA，债项增信至AAA；近三年连续实现盈利；近三年内获得的政府补助与营业收入之比不超过3：7等。

（2）发行额度要求。债券发行后，发行人资产负债率不超85%，近三年平均净利润需足以支付本期债券一年利息；发行人认缴规模不超基金总规模的50%；债券募集资金不得超过发行人认缴投资额的50%。

（3）设立及运作要求。基金债募投基金需为创业投资基金或政府出资类产业投资基金；创投基金工商登记起三个月内，需在全国创业投资企业备案系统完成备案登记（如已设立，则需年检合格），政府出资类产业基金则需在政府出资产业投资基金信用信息登记系统登记备案；以股权形式最终投向未上市成长性创业企业，不得参与全国中小企业股份转让系统场内交易（不得参与场内市场）；若用于设立或增资母基金时，母基金享有的权益应不劣后于子基金中其他出资方等。

4. 各地发行基金债案例

（1）广东省广晟资产经营有限公司发行“16广晟债01”，债项级别AAA，发行规模20亿元，发行期限15年，用于认缴广东广晟产业投资母基金份额及补充流动资金。

（2）陕西金融控股集团有限公司发行“18 陕金控绿色债”，债项级别 AAA，发行规模 10 亿元，发行期限 7 年，用于出资设立“陕西绿色投资基金有限公司”及补充营运资金。

（3）启迪科技服务有限公司发行“19 启迪科服债 01”，债项级别 AA+，发行规模 5 亿元，发行期限 10 年，全部用于投向“河南国新启迪股权投资基金（有限合伙）”进行出资。

（三）推动开展 QFLP 试点工作

借力实施融入粤港澳大湾区战略，重点借鉴深圳、广州、珠海等地的经验，重点推动开展 QFLP 试点，涉及省级权限的部分，按照对口原则积极向省级相关部门争取权限，通过引进外商投资股权试点企业，利用境外资金，开展私募股权投资，为政府产业基金拓宽筹资渠道。

1. QFLP 情况简介及 QFLP 试点的意义

外商投资股权投资企业（QFLP）作为一种独特的金融实体，由海外企业或个人共同出资成立，其运作方式独特，以非公开的形式向境内外投资者募集资金，专注于对非公开交易企业股权的投资。推出 QFLP 试点，无疑为赣州的股权投资基金市场开辟了新的筹资渠道，此举不仅有助于积累宝贵的引进外资经验，更是对“1+5+N”产业发展战略的有力金融支撑，实现了金融资源的高效配置和产业的深度赋能。

2. 各地开展 QFLP 试点情况及机制保障状况

根据地市出台的试点管理办法，相关部门分工为：由金融部门牵头，会同发改、商务、市场监管、人民银行、外汇管理等业务部门建立 QFLP 试点工作联合会商机制，负责试点业务准入审批、额度备案和日常监管。各部门在对外商投资股权投资类企业的管理中，扮演着不可或缺的角色。金融部门将作为核心枢纽，负责受理这些企业的申请，并牵头组织审定过程，同时处理一系列日常运营事务。对于跨境资金流动的管理，人民银行和外汇管理部门将联手确保人民币和外汇的合规流动。发改部门则肩负起安全审查的重任，确保外商投资股权投资类企业的投资活动符合国家战略和安全利益。商务部门将专注于外商投资信息的收集和报告，确保信息透明度和准确性。最后，市场监管部门将承担起企业注册登记等关键性职责，确保外商投资股权投资类企业在法律框架内规范运营。

3. 对赣州开展 QFLP 试点工作的相关建议

（1）选择 1~2 个县（市、区）开展 QFLP 试点工作，待条件成熟再推向全市。涉及省级权限的部分，按照对口原则积极向省级相关部门争取权限。就操作层面，参照粤港澳大湾区深圳、东莞等地相关部门分工，开展相关工作。

（2）市级金融主管部门为牵头单位，负责根据权限范围出具关于投资类的审批材料，协助 QFLP 基金的登记、备案等前置审批事项，部分权限下放至县（市、区）相应的部门，负责接受外商投资股权投资类企业的申请并组织审定及其他日常事务工作。

（3）市发改委部门、市商务部门根据最新《外商投资法》落实负面清单事项，为 QFLP 落地出具相应意见。市商务部门负责落实外商投资信息报告相关工作。

（4）市外管部门根据相关法律法规，做好县（市、区）QFLP 试点管理企业所涉外汇管理事宜工作。

（5）市场监管部门、市行政审批部门根据工作职责，指导县行政审批局做好外商投资股权投资企业和外商投资股权投资管理企业注册登记工作。

（6）市发改委部门负责指导县（市、区）负责外商投资股权投资类企业投资活动安全审查相关工作。

二、依托产业体系，破解引导基金“投不出”难题

（一）打造产业发展体系

第一，明确地方的产业发展战略规划，以产业发展为导向，做好产业研究、产业规划、产业招商、产业服务和产业投资。产业研究、产业规划、产业招商、产业服务、产业投资相互融合，通过产业研究和产业规划，指导产业精准招商，了解产业痛点，指导产业服务，通过高质量的产业服务多方面赋能企业发展，留住招引企业并赋能本地产业升级，通过产业投资实现资本招商、留商，创造投资效益，实现政府资金的循环使用。第二，应立足产业定位、强化政策扶持、用活区位优势、汇聚核心要素、迸发虹吸效应，通过创新招商模式，打造“产、城、融”联动的发展循环。第三，以产业规划为着力点，统筹存量与增量的关系，开展高质量招商，打造主导产业的产业链和产业集群。第四，绘制重点产业全景图，明确招商关键产业环节。

（二）强化资本招商的理念

地方政府尤其是县（市、区）政府，要摒弃国资与企业直接组建合资企业的传统招商引资方式（见图 6-1），尤其是在招大引强上，需要强化资本招商理念（见图 6-2），借助资本市场，由国资认购流动性较强的上市公司股权，上市公司拿到股权融资后再自行在本地落地项目，从而避免政府投入的固化和沉淀。

通过地方政府引导基金参与上市母公司定增的方式，国有资本的参与大大增强了社会资本的信心，如此既为产业发展筹措到了资金，同时，地方政府引导基金完成既定目标后，又可以及时通过市场化方式安全退出并获得较好收益，从而为地方政府新的产业投资积累资金，最终实现国有资本“投入—退出—再投入”良性循环。

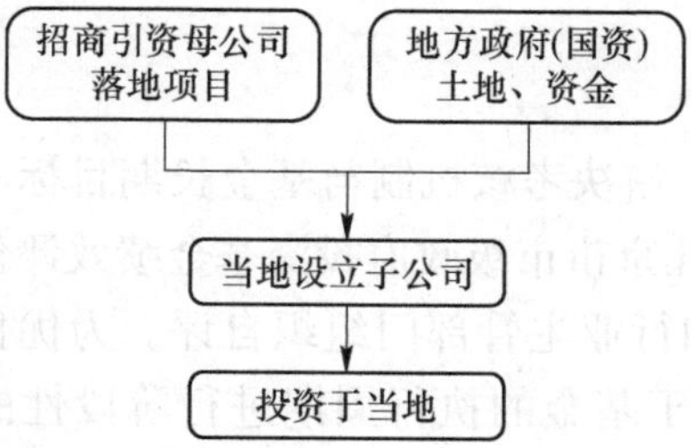

图 6-1　传统招商模式

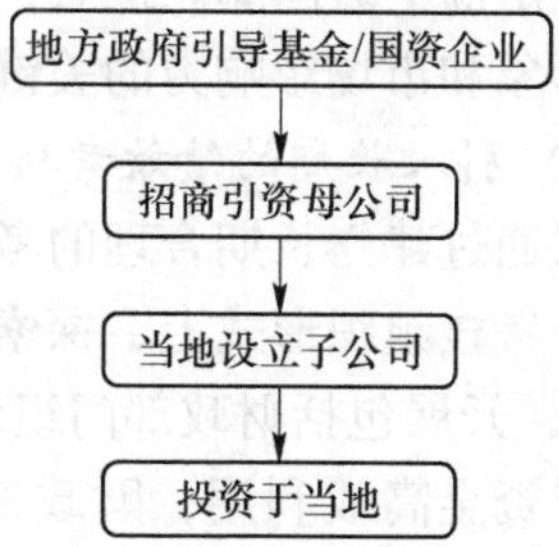

图 6-2　资本招商模式

（三）建立全面的增值服务体系

对内做好协同。依托赣州金控平台，利用供应链金融、融资租赁等金融业务板块，为产业投资基金投资提供联动和协同服务。为被投资企业提供股权、债权和金融服务的多元化服务，拓展融资服务边界。

对外做好链接。链接好政府和市场资源，搭建投资企业的生态圈，为被投企业之间的协同提供桥梁。依托引导基金的国资背景，整合政府资源，围绕企业产、供、销等环节提供资源整合服务。全面参与企业管理提升，提供管理服务。

三、建立优化“三项机制”，解决引导基金“不敢投”问题

（一）优化基金决策机制

在引导基金运营过程中，要厘清“政府引导”和“市场决定”的关系，政府及相关部门总体定位要从管人管事管资产到“管资本”角色转变，将“有为政府+有效市场”有效结合，这些都必须在顶层设计中给予保障。

履行“有为政府”的服务体系。政府及有关部门通过产业规划、资金筹集、政策优惠、项目推介、外部沟通、机制考核等方式加强对产业基金的政策性引导，助推六大重点产业发展和战略升级。产业基金设立管理委员会，统筹协调解决产业基金重大问题，做好产业引导基金管理公司（GP）的遴选工作。

做好“有效市场”的制度保障。为了构建有效的市场机制，政府需通过参与出资或与其他投资者联合设立基金来发挥引导作用。该框架下，应避免无特殊规定下设立独立子基金。整个基金运作流程，涵盖募集、投资、管理和退出环节，必须置于全面风险管理体系之下以确保安全运作。例如，若投资细节与基金规模不符，这应成为终止合作的充分理由。另外，建立一个包含政策效益、经济效益和管理效率等多维度的绩效评估体系至关重要，它能全面评价政府引导基金的投资效果，并促进管理机构提升其能力。同时，完善基金退出机制也同等重要，通过股权转让、减持或回购等手段，保障资金能及时回收。除非有明确约定将资金重新投入引导基金以实现自我滚动发展，否则回收资金应依照国家财政规

定，及时足额上缴国库。最后，提升政府引导基金的信息公开度和透明度是增强其品牌形象和市场影响力的关键。

（二）引入长期的绩效考核机制

建议通过建立长期合理的考核体系，解决考核机制与基金长期目标不适配的问题，在考核组织形式上，探索参照《北京市市级政府投资基金绩效评价管理暂行办法》，开展包括财政部门组织评价和行业主管部门组织自评。为优化资源配置和确保资金高效利用，财政部门会基于基金的执行周期进行阶段性的财政评价，以评估其财务表现。同时，行业主管部门也会每年对基金进行绩效自评价，从专业角度审视其运行效果。同时，在绩效考核指标设置上更具有灵活性，可依据项目具体实施情况进行适当调整。

（三）建立容错免责机制

支持基金管理公司出台国有投资容错机制，对程序合规的项目，实行尽职免责，不对具体人员追责，但若投资经理未能恪守公司规定的勤勉义务，或是涉嫌与投资企业间的不当利益往来等道德失范行为，公司将坚决采取追责措施，确保管理的严肃性和规范性。

四、建立市场化的激励机制，加大基金管理人才的“引、用、留”

（一）建立高管和项目团队的强制跟投制度

建议参照深创投的强制跟投机制，按照项目投资额的一定比例要求投资团队进行强制跟投。在设立强制跟投机制时，可借鉴深创投的做法，即对于高管人员，除非在投资决策委员会上明确投出反对票，否则需要按照委员会的决策，对通过的所有投资项目进行强制跟投。

（二）建立与基金业绩相挂钩的薪酬激励机制

在项目团队层面，如实际项目盈利，将净收益的一定比例奖励给团队，如发生亏损，实际亏损的一定比例由团队承担。同时，每年拿出净利润的一定比例奖励给全体员工。

（三）加大对基金工作人员的培训力度

积极鼓励与其他地区的引导基金管理机构开展交流合作，组织工作人员进行互访、学习和交流。学习其他地区在引导基金管理、运作模式、投资策略等方面的先进经验和做法，拓宽工作人员的视野和思路。例如，与深圳、苏州等引导基金发展较为成熟的地区进行交流，了解他们在吸引社会资本、推动产业发展等方面的成功经验。逐步培养形成一批懂基金、懂产业的政府体系专业化基金人才队伍。

2018 年，和君资本进入赣州，参与了赣州的多个项目和活动，如和君教育小镇的建设，不仅响应了苏区振兴、赣商回赣和革命老区高质量发展的政策号召，对赣州地方经济和社会发展产生了积极影响。因此，要充分利用好本地资源，与和君商学院、和君资本建立合作关系，依托和君小镇等，经常性开展员工内部培训；依托和君资本丰富的私募基金资源，鼓励员工参与各类高峰论坛，做好内部人员的培养。

第三篇　赣州经济发展的新亮点和新动能

在当前全球经济快速变化和技术进步的大背景下，赣州正面临前所未有的发展机遇与挑战。本篇通过两个重要的视角——金融合作与数智化转型，探讨赣州如何利用这两大动力源，推动经济的高质量发展，实现从传统工业城市向现代智能制造和金融服务中心的转变。

第七章深入分析了金融合作在赣州经济转型中的核心作用，特别是在与粤港澳大湾区的协同发展中。赣州利用其地理和政策优势，积极构建与粤港澳大湾区的金融合作框架，通过引进外资银行、发展地方股权市场、创新金融产品和服务及加强跨区域金融监管合作，力图打造一个区域金融中心。这一战略不仅为本地企业提供了更多的资金支持和金融服务，也促进了赣州在更广阔区域经济中的整合与互动，提升了其作为一个投资目的地的吸引力。

第八章聚焦于数字化转型如何成为赣州制造业高质量发展的新动能。随着全球制造业竞争的加剧，赣州通过推进数字化、网络化和智能化，不断提高制造业的自动化和智能化水平。本章详细描述了赣州如何实施“数字赣州”战略，包括建设工业互联网平台，推动大数据和人工智能技术的应用，以及通过这些技术优化生产流程和提升产品质量。通过这些措施，赣州不仅在国内外市场中提高了其制造业的竞争力，也为传统产业注入了新的活力，加速了产业升级和经济结构的优化。

通过金融合作和数字化转型这两大策略，赣州正在从一个以传统制造业为主的城市，转变为一个拥有强大金融服务和高端制造能力的现代化城市。金融合作与数字化转型的双轮驱动，不仅为赣州经济的持续增长注入了新的活力，也为城市未来的发展策略提供了新的方向。这种模式的成功实施，使赣州能够在全球经济中更好地定位自己，吸引更多的投资，创造更多的就业机会，最终实现经济的可持续发展和社会的全面进步。

本篇的深入分析展示了赣州在实现高质量发展过程中的创新做法和取得的成效，为其他地区提供了可借鉴的经验和策略，同时也指出了在推动这些新动力源发展过程中所面临的挑战和需要克服的难题。这为未来赣州乃至整个中部地区的经济发展提供了方向和动力。

第七章　金融合作开辟与粤港澳大湾区协同发展的新亮点

在全球化经济的浪潮中，金融合作已经成为推动区域经济增长的重要推手[24]，尤其在粤港澳大湾区。赣州市作为内陆与粤港澳大湾区的桥梁，其金融合作战略对本地及整个粤港澳大湾区的发展具有深远影响。本章深入探讨赣州市与粤港澳大湾区之间的金融合作，揭示金融服务在区域经济发展中的核心作用。金融合作不仅促进了资本流动，还加强了区域经济的联系。它通过资金支持，推动了科技创新、产业升级和基础设施建设，加速了赣州市的经济现代化进程。赣州市的金融合作战略主要体现在金融创新、资本流动、吸引投资、政策引导和协同合作等方面。面对金融风险，赣州市如何调整金融政策和机制以确保经济稳定增长也是本章关注的焦点。金融创新与风险控制的平衡对于经济可持续发展至关重要。政府与市场的协同作用能够提升金融服务的普及性和质量，进一步推动区域经济发展。

总体而言，赣州市与粤港澳大湾区之间的金融合作是推动赣州经济发展的新动力，也是粤港澳大湾区一体化发展战略的关键部分。面对新的发展机遇，赣州市需要深化金融改革，扩大市场开放，加强与粤港澳大湾区内其他城市的金融联系，共同推动区域经济的繁荣发展。

第一节　粤港澳大湾区金融业发展现状及趋势

粤港澳大湾区，作为中国经济发展的新引擎，正在迅速成为国际金融领域的一颗新星。自2008年提出“湾区”概念以来，经过数年的发展，特别是2019年《粤港澳大湾区发展规划纲要》的发布，粤港澳大湾区的战略地位得到了显著提升。2023年10月，广东省政府与国家市场监督管理总局在广州签署合作框架协议，共同建设粤港澳大湾区统一大市场公平竞争先行区，助力广东在推进中国式现代化建设中走在前列。在此背景下，金融业成为推动区域经济快速发展的核心力量。通过深化创新驱动、强化国际合作，粤港澳大湾区不断优化其金融市场结构，积极构建现代化金融服务体系[28]。

一、粤港澳大湾区金融业发展明确“三大战略”定位

粤港澳大湾区建设以创新驱动、协调发展和开放合作为核心，致力于打造国

际科技创新中心、世界级城市群和现代化产业体系。在此过程中，建设国际金融中心、促进金融要素自由流动、推动金融市场互联互通是提升粤港澳大湾区全球竞争力的重要途径[29]。因此，以“金融+”的思路实现这些目标对《粤港澳大湾区发展规划纲要》规划的发展愿景至关重要。

金融业作为推动地区经济发展的关键驱动力，其战略定位主要聚焦于“建设国际金融枢纽”“发展特色金融产业”和“推进金融市场互联互通”三大战略目标，见表7-1。

表7-1 粤港澳大湾区发展目标与金融定位

金融助力	三大发展战略目标
建设具有全球影响力的国际金融枢纽；发挥香港在金融领域的引领带动作用，巩固和提升国际金融中心地位；支持广州完善现代金融服务体系，深圳依规发展以深交所为核心的资本市场，加快推进金融开放创新；支持澳门打造中国—葡萄牙语国家金融服务平台；研究探索建设澳门—珠海跨境金融合作示范区	建设国际金融枢纽
大力发展特色金融产业，打造互联互通、充满活力的世界级城市群；建设金融服务重要平台，强化金融服务实体经济的本源，着力发展航运金融、科技金融、飞机船舶租赁等特色金融；发挥香港、澳门、深圳、广州等资本市场和金融服务功能，合作构建多元化、国际化、跨区域的科技创新投融资体系；大力拓展直接融资渠道，依托区域性股权交易市场，建设科技创新金融支持平台	大力发展特色金融产业
有序推进金融市场的互联互通，是构建具有国际竞争力的现代产业体系	推进金融市场互联互通

首先，将粤港澳大湾区打造成为具有全球影响力的国际金融枢纽。这依赖于香港在国际金融领域的领先地位，以及广州、深圳、澳门在金融服务体系中的升级与创新。香港巩固其国际金融中心地位，深圳发展资本市场，澳门建设中国—葡萄牙语国家金融服务平台，共同推动区域金融枢纽的形成。

其次，通过发展特色金融产业，构建互联互通、充满活力的世界级城市群。这包括建设航运金融、科技金融和飞机船舶租赁等金融服务平台，加强金融服务实体经济的能力，并依托区域性股权交易市场，为科技创新提供金融支持。

最后，有序推进金融市场的互联互通，是构建具有国际竞争力的现代产业体系的关键。这涉及深化金融市场之间的合作与链接，通过创新和开放政策，加速金融产品、服务及资本的自由流动。

通过实施这三大战略，粤港澳大湾区旨在显著提升其全球竞争力，并通过“金融+”的路径为地区乃至国家的经济发展作出贡献。这将不仅加强该区域作为国际金融中心的地位，而且推动更广泛的社会经济发展与创新。

二、粤港澳大湾区金融资源呈现“三个梯队”发展差异

在粤港澳大湾区的地域版图中，11个城市因各自独特的产业特点与经济实

力形成了金融业与经济发展紧密相关的梯级分布格局。位于金融梯级分布第一梯队的是香港、深圳和广州。这三个城市的金融业增加值均突破2000亿元大关，且在GDP中的占比显著。它们凭借雄厚的经济实力、成熟的金融市场及高度国际化的金融服务，成为粤港澳大湾区金融业的领军者，引领着整个区域的金融发展趋势。第二梯队包括东莞、佛山、澳门、中山、珠海和惠州等城市。这些城市的金融业增加值介于300亿~1000亿元之间，它们依托各自的产业优势和经济基础，在区域金融市场中扮演着重要角色。这些城市的金融业发展既具有自身特色，又与整个粤港澳大湾区的金融生态相互补充，共同推动着区域金融市场的繁荣。江门和肇庆构成了第三梯队，其金融业增加值在300亿元以内。虽然从数值上看，这些城市的金融业增加值相对较低，但它们在粤港澳大湾区金融格局中同样发挥着不可或缺的作用。这些城市正通过加强金融基础设施建设、优化金融生态环境等措施，努力提升自身的金融服务能力，以更好地融入粤港澳大湾区金融市场。表7-2为2022年粤港澳大湾区的金融发展情况。

表7-2　2022年粤港澳大湾区城市群金融发展情况　（亿元）

城市	金融业增加值	存贷款余额	股票成交金额	私募基金管理规模	保费收入
香港	6840	—	—	—	4914
深圳	5138	195282	1282500	5800	1528
广州	2596	143802	—	—	1545
东莞	750	37995	37897	—	556
佛山	—	41169	—	—	600
澳门	—	—	—	—	—
中山	284	14498	18662	—	228
珠海	490	12412	13769	—	172
惠州	304	16829	—	—	177
江门	281	11871	—	—	180
肇庆	128	6309	—	—	82
合计	16811	480167	1352828	5800	9982

从表7-2可以看出，粤港澳大湾区“9+2”城市银行、证券、保险和基金主要集中于港深穗三城，香港总体金融业发展水平最高，银行、基金和保险行业的体量方面占绝对优势，是粤港澳大湾区城市群中当之无愧的国际资产管理中心和风险管理中心；深圳在证券业交易规模占优；广州则在银行和保险业具有相对比较优势。

（一）银行业：粤港穗三城占据主导地位

截至2023年，广东省拥有地方法人银行业机构245家；澳门共有33家持有澳门经营许可的银行，包括12家澳门注册银行及21家外地注册银行的分行；香港共有163家持牌银行，17家有限制银行牌照。截至2022年末，粤港澳大湾区的各项存款余额为43.74万亿元。2015年以来，粤港澳大湾区11个城市的存款余额都保持增长态势。其中截至2022年，广州的存款余额达到7.71万亿元，深圳的存款余额为11.66万亿元。2022年，粤港澳大湾区各项贷款余额为32.74万亿元，其中深圳和广州存款余额分别为7.87万亿元和6.67万亿元。值得关注的是，粤港澳大湾区内银行通过推动设立科技支行，满足科技型中小企业融资需求。截至2023年，广东省内已经设立了188家科技支行。

（二）证券业：深圳上市公司市值创新高

香港交易所和深圳证券交易所有利于带动证券公司、债券登记和评级机构的集中设立，更好地为当地企业提供股票、债券和期货等金融产品和服务。广东作为中国的经济大省，其金融市场的规模和实力持续增强。截至2022年7月底，广东省内的金融机构展现出强劲的发展态势。在证券领域，广东拥有28家证券公司，总资产规模达到惊人的3.45万亿元，这一数字凸显了广东证券业的雄厚实力。期货市场方面，广东拥有22家期货公司，净资产总额达到395亿元，显示出期货业在广东的稳定增长态势。基金管理方面，广东更是走在前列，拥有37家基金管理公司，其管理规模高达9.9万亿元，充分证明了广东在基金业方面的领先地位。同时，在私募领域，广东的私募基金也表现不俗。已有5923家私募管理人在中国基金业协会登记备案，其管理规模达到3.5万亿元，这一数字不仅体现了广东私募基金的活跃程度，也反映了广东金融市场的多元化和包容性。目前，注册在香港和深圳的上市公司数量和总市值显著高于其他九个城市，截至2023年末，注册在深圳的上市公司数量为551家，总市值达到了11.39万亿元，深圳上市公司市值再创新高。广州创新型产业比重较高，但上市公司数量和市值明显低于香港和深圳。

（三）基金业：香港和深圳头部效应明显

私募基金方面，香港和深圳私募基金管理人数量最多，基金规模总量最大，头部效应逐步显现。截至2023年9月，中国香港的私募基金管理的资本额超过2000亿美元，位列亚洲第二。据中国证券基金业协会的数据，截至2024年1月末，深圳市已登记私募基金管理人数量为3387家，在境内仅次于上海和北京，管理规模约2.1万亿元。2023年，广东省为加快推进高水平科技自立自强和现代化产业体系建设，1500亿元广州产业投资母基金、500亿元广州创新投资母基金在广州设立，重点投资半导体新能源等领域。广东基金业协会提供的最新数据显示，截至2024年1月末，广东省（不含深圳）共有私募基金管理人1674家，管理基金数量12617只，管理基金规模（净资产）达到1.27万亿元。政府引导基金方面，从类型上看，产业基金数量最多，有83只，占粤港澳大湾区政府引导基金数量的46.37%；其次是创业基金，有49只，占粤港澳大湾区政府引导基金数量的27.37%。其中，深圳市政府引导基金共评审通过158只子基金，涉及总规模4540亿元，约放大社会资本4.7倍。

（四）保险业：香港有明显的规模优势

截至2022年1月24日，位于广东（不含深圳）的保险公司共有103，其中有8家总部位于广东，95家保险公司在广东设立了广东分公司，其中人寿保险公司47家，养老保险公司5家，健康保险公司6家，财产保险公司37家。截至2021年12月底，澳门保险业共有25家保险公司，包括12家人寿保险公司和13家一般保险公司。2024年8月30日，香港保监局网站发布了上半年香港保险市场临时统计数据，香港前15家保险机构所占保险市场份额超过97%。香港在保险业发展方面表现强劲，2023年保险业保费收入总额为5497亿港元，2024年上半年全港新单保费达1156亿港元，同比上升12.3%，创下历史新高，主要是由于香港的保险产品具有价格优势。其他城市的保费收入和城市生产总值基本成正比，未体现出明显的规模效应，说明保险业服务还是以本地服务为主。

三、粤港澳大湾区推进“三个方面”金融融合措施

金融开放、科技金融及金融创新是粤港澳大湾区金融发展与融合中最重要的三个因素。从金融开放看，香港作为国际金融中心，拥有高效的金融市场和成熟的金融机构，加强广东与香港的金融融合，有利于提高粤港澳大湾区金融机构的服务效率。从科技金融看，金融可以通过支持科技创新带动产业转型升级从而促进金融发展，形成金融、科技和科技金融之间良性互动的循环。从金融创新来看，通过增加金融服务产品、改进金融服务组织、制定支持金融创新的措施，提升整体金融服务的效率。

（一）金融开放下的区域金融业务融合

《中共中央　国务院关于支持深圳建设中国特色社会主义先行示范区的意见》《广东省人民政府关于印发实施粤港合作框架协议2018年重点工作的通知》《广东省人民政府办公厅关于印发深化中国（广东）自由贸易试验区制度创新实施意见的通知》《关于贯彻落实〈粤港澳大湾区发展规划纲要〉的实施意见》等政策进一步扩大了金融对外开放，提出探索跨境人民币业务创新、支持港澳金融机构在粤设立机构并开展业务、探索粤港澳金融产品互认、资金互通、市场互联等措施。

（二）科技产业与金融业的发展融合

《深圳市人民政府印发关于进一步加快发展战略性新兴产业实施方案的通知》《广东省知识产权局关于印发〈关于强化知识产权保护推动经济高质量发展的行动方案〉的通知》《广东省人民政府印发关于进一步促进科技创新若干政策措施的通知》等政策，提出设立深圳市战略性新兴产业发展专项发展资金、天使

母基金、国际投贷基金等支持战略性新兴产业发展和国际创新要素聚集。在科技金融创新方面，建立知识产权质押融资扶持办法及风险补偿资金；鼓励开发和推广知识产权保险产品和新型险种，建立知识产权信用担保机制，探索成立专业知识产权担保机构等。

（三）金融创新与政府支持融合

《中共中央　国务院关于支持深圳建设中国特色社会主义先行示范区的意见》《广东省知识产权局关于印发〈关于强化知识产权保护推动经济高质量发展的行动方案〉的通知》《广东省人民政府印发关于进一步促进科技创新若干政策措施的通知》《关于贯彻落实〈粤港澳大湾区发展规划纲要〉的实施意见》等政策，提出研究完善创业板发行上市、再融资和并购重组制度，创造条件推动注册制改革。支持在深圳开展数字货币研究与移动支付等创新应用；以知识产权为基础的担保、保险创新，鼓励银行开展科技信贷特色服务，创新外部投贷联动；推进广州绿色金融改革创新试验区建设研究设立碳排放交易所，支持有序开展合格境外有限合伙（QFLP）业务，争取国家支持扩大合格境内有限合伙（QDLP）试点创新；探索设立国际海洋开发银行；推进人民币国际化先行先试，探索创新跨境金融监管。主要措施见表 7-3。

表 7-3　主要金融融合措施表

发布时间	文件名称	具体措施
2018 年 7 月	广东省人民政府《关于印发实施〈粤港澳合作框架协议〉2018 年重点工作的通知》	探索跨境人民币业务创新；积极引导保险业服务粤港澳大湾区建设；支持澳门金融业机构在粤设立分支机构；推动合格境外有限合伙人（QFLP）等跨境投资业务；探索建立与澳门地区产品互认、资金互通、市场互联的机制
2018 年 8 月	广东省政府办公厅《关于印发深化中国（广东）自由贸易试验区制度创新实施意见》的通知	争取国家有关部门支持在自贸区试点“投贷联动”；探索建立资金互通、市场互联的机制
2018 年 11 月	广东省知识产权局《关于强化知识产权保护推动经济高质量发展的行动方案》的通知	推动各市建立知识产权质押融资扶持及风险补偿资金；鼓励开发和推广知识产权保险产品和新型险种；建立知识产权信用担保机制；探索成立专业知识产权担保机构等
2019 年 8 月	中共中央、国务院《关于支持深圳建设中国特色社会主义先行示范区的意见》	支持在深圳开展数字货币研究与移动支付等创新应用；促进与港澳金融市场互联互通和金融（基金）产品互认；在推进人民币国际化上先行先试，探索创新跨境金融监管；探索设立国际海洋开发银行
2020 年 5 月	中国人民银行、银保监会、证监会、国家外汇管理局《关于金融支持粤港澳大湾区建设的意见》	强化粤港澳大湾区的跨境贸易与投融资效率；深化金融业对外开放与区域合作；多元化资金融通渠道，促进金融互联互通；提升金融服务创新水平，助力粤港澳大湾区发展

续表 7-3

发布时间	文件名称	具体措施
2020 年 7 月	广东省地方金融监管局等《关于贯彻落实金融支持粤港澳大湾区建设意见的实施方案》	对《关于金融支持粤港澳大湾区建设的意见》支持事项进行细化，明确了 80 条具体的工作举措
2022 年 1 月	《广东省推动服务贸易高质量发展行动计划（2021—2025年）》	支持深圳证券交易所、广州期货交易所与香港联合交易所深化金融产品与服务合作，以加强粤港澳三地金融市场的合作与交流。同时，还提出完善跨境人民币业务配套政策体系和产品服务体系，以提升粤港澳大湾区金融全球服务竞争力
2023 年 10 月	广东省政府与国家市场监督管理总局在广州签署《合作框架协议》	共同建设粤港澳大湾区统一大市场公平竞争先行区，助力广东在推进中国式现代化建设中走在前列

四、粤港澳大湾区金融业发展“四大特点”

（一）粤港澳大湾区内金融机构跨境布局更加便利

2018 年以来，外资金融机构进入内地的制度安排已经在银行、保险、资产管理等领域突破了 CEPA 框架。待相关法规细则出台后，按照港澳金融机构适用 CEPA 框架与内地外资标准之间更宽松者的原则：（1）港澳银行进入内地设立分支机构已不存在申请门槛，保险仅剩 50 亿美元总资产门槛，但均须通过内地监管机构审批；（2）港澳银行在人民币业务和金融市场业务方面享有较高的自由度，而港澳保险公司在保险经纪业务方面实现了大幅放开，但在人身险、财产险等业务领域仍面临一定的限制；（3）港澳证券基金在内地设立合资机构在持股比例、设立数量等方面有所放开，但限制仍然较多，在跨境股权投资领域各市 QFLP 试点是突出亮点。

金融机构互设速度加快。截至 2021 年末，广东银保监局辖区港澳银行营业性机构数量分别达 94 家和 7 家，均居全国第一。进入内地的 4 家澳门银行均在广东设立了机构，机构数量占全国澳门银行营业性机构数量的 80%，并在全国率先实现外资银行全省地级市全覆盖。招商银行更是通过全资控股香港永隆银行，实现了对香港市场的深度布局。越秀集团也通过收购香港创兴银行 75% 的股份，成功进入了香港银行业市场。广发银行和招商永隆银行也积极在澳门设立分行，进一步拓展了其在港澳地区的业务网络。

（二）金融开放背景下催生跨境金融产品和服务

粤港澳大湾区城市群兼具了良好的区位条件与政策因素，是我国经济体制改革与对外开放的第一线。自 2018 年 4 月 10 日习近平主席在博鳌亚洲论坛宣布中国将大幅放宽金融市场后，银行、证券、资管、保险等行业逐步出台或正在酝酿着进一步开放政策，比如，银保监会于2018年2月24日公布的《中国银保监会关于修改〈中国银监会外资银行行政许可事项实施办法〉的决定》、2018年4月27日发布的《关于放开外资保险经纪公司经营范围的通知》，证监会于2018年4月28日公布了新的《外商投资证券公司管理办法》，以及2019年7月20日中国人民银行发布《关于进一步扩大金融业对外开放的11条有关举措》，这些政策措施为港澳金融机构在境内展业进一步解开了束缚。凭借自身的区位政策优势及地区强大的经济金融创新能力，当前粤港澳大湾区金融机构逐步形成了以不断提高的地区外开放格局为平台的发展模式。

（1）粤港澳大湾区银行业跨境产品不断创新。《粤港澳大湾区发展规划纲要》强调，要“稳健推进金融市场互联互通，逐步扩大大湾区内人民币跨境使用规模和范围”。粤港澳大湾区的企业居民跨境活动是其内部活力的关键源泉，这也催生了企业和居民对跨境支付结算的强烈需求。目前，部分粤港澳大湾区银行已在该领域做出了创新尝试。拿中国工商银行广州分行来举例，其在响应和支持科创企业快速发展的背景下，深刻洞察到科创企业轻资产、重研发的特点，为此特别推出了“科创企业专属评级授信模型”。这一模型在评审过程中，相较于传统模式，更加聚焦于企业的专利数量、研发能力、市场前景等核心指标，以更精准地评估科创企业的价值，并满足其融资需求。与此同时，为了进一步推动粤港澳大湾区的金融合作与发展，广东省地方金融监管局和人民银行广州分行等机构于2020年7月31日联合发布了《关于贯彻落实金融支持粤港澳大湾区建设意见的实施方案》。该方案明确了广东在金融开放创新、深化内地与港澳金融合作等方面的方向，旨在通过服务实体经济、合作互利共赢、市场化导向和防范系统性金融风险等原则，提升金融对粤港澳大湾区建设的支持力度，进而增强该区域在国家经济发展和对外开放中的引领作用。针对《意见》提出的26项任务，广东结合实际情况提出了80条具体措施，包括促进跨境贸易和投融资便利化、扩大金融业对外开放等，并明确了各项措施的执行责任单位。2023年2月23日，中国人民银行、银保监会、证监会、国家外汇管理局和广东省人民政府联合发布了《关于金融支持前海深港现代服务业合作区全面深化改革开放的意见》，以“前海金融30条”政策为指导，结合前海合作区跨境人民币业务的发展实际情况，深入研究企业需求，在深化深港金融合作、推动金融市场和基础设施互联互通、助力金融业对外开放、支持特色金融产业发展等方面实现了创新和突破。中国人民银行推出的“跨境理财通”在制度设计上建立了个人跨境理财通道，截至2024年2月末，深圳辖区累计开立相关账户2.1万个，办理资金跨境汇划8.8亿元，双方向投资产品交易额5.1亿元，占粤港澳大湾区“跨境理财通”业务总量的约三分之一。众安国际旗下的众安银行则利用金融科技降低了客户门槛和收费。

（2）粤港澳大湾区资管行业的进一步融合发展。截至2022年末，中金资本在广东省设立了逾30只私募股权投资基金，累计管理规模超880亿元；实现直投项目150个，累计投资金额破100亿元，被投企业集中于医疗健康、先进制造、新能源等新兴产业。统计区间内，中金资本公开披露的股权投资事件共6起，同比持平，环比增长20%。粤港澳大湾区城市鼓励创业投资部分相关政策见表7-4。

表7-4　粤港澳大湾区城市鼓励创业投资部分相关政策

城市	政　　策	鼓　励　办　法
珠海	《横琴新区促进股权投资基金业发展的实施意见》《横琴新区进一步促进私募投资基金业发展办法》	落户扶持：根据项目给予200万~800万元的专项扶持； 经营扶持：给予私募基金管理人才特殊人才奖励、房租补贴
广州	《广州市鼓励创业投资促进创新创业发展若干政策规定》	鼓励投资种子期、初创期科创企业； 支持引进境外创业投资，鼓励与境外资本共同设立创投基金等
深圳	《深圳市促进创业投资行业发展的若干措施》	充分发挥政府投资引导基金作用：返投比例灵活； 丰富创投主体：完善国有创投核心团队持股和跟投机制；支持银行业设立子公司开展股权投资； 创新募资方式：通过双创债等固定收益产品引入险资，形成多元资金来源； 拓宽退出渠道：探索设立S基金，支持市场化方式组建并购母基金
中山	《中山市人民政府关于加快促进创业投资持续健康发展的实施意见》	创新财政出资创投引导基金运营管理模式：降低财政出资引导基金的杠杆比例，建立受托机构跟投机制

（3）粤港澳大湾区保险业进一步对外开放。港澳保险产品对内地居民的吸引力强烈，同类产品下香港的保费水平低于内地，部分产品在同等保额的情况下香港产品价格甚至低30%，除价格优惠之外，香港保险产品在对特定需求的满足上不断推陈出新，开发出了众多极具特色的产品，内地居民跨境购险比例占香港保险市场规模超过25%。随着粤港澳大湾区全方面互联互通的进一步推进，三地人员和要素在粤港澳大湾区内部的互相流动也将带来更多的诸如跨境医疗险、跨境机动车险等保险产品需求，也为粤港澳大湾区保险机构带来机遇。

（三）金融科技成为金融发展核心驱动力

金融科技发展是粤港澳大湾区金融家当前最为关注的金融发展领域。目前全球范围内科技与经济产业已经高度融合，金融行业由于其天然具有海量标准化数据等特征，与不断提升算法、算力的前沿计算机科技高度契合，因而当前全球金融产业的生产方式、组织形式、竞争格局自然而受到金融科技深远的影响。粤港澳大湾区作为中国经济最发达、最有活力的地区之一，具备了与世界级湾区相匹配的高度发达的金融市场，金融科技的发展也是粤港澳大湾区金融体系发展的重要趋势。

（1）粤金融科技行业发展处于领先地位。中国社会科学院金融研究所金融科技研究室主任尹振涛在《中国金融科技燃指数报告（2022）》发布会暨第二届“金融科技指数论坛”上表示，粤港澳大湾区在2021年中国金融科技“燃指数”总指数排名位列区域首位。要素基础、智力支撑、资源环境和企业实力均衡发展。从一级指标增速看，粤港澳大湾区金融科技企业实力增速达到8.58%，其他增速也均超过5.5%。产业基础和政策支撑是粤港澳大湾区金融科技行业领先发展的重要原因。具体来说，第一，形成了合理的金融科技企业雁阵布局；第二，拥有丰富的金融科技应用场景；第三，落地了一批重要的金融科技基础设施；第四，拥有较为完善的金融科技人才培养体系；第五，拥有丰富的监管科技实践案例；第六，金融科技底层技术创新持续加速。

（2）香港区块链发展占主导，虚拟银行稳健发展。香港正着力推进传统金融行业的数字化转型，这一进程也吸引着越来越多海外企业和投资者参与，2017年前，香港金融科技企业不超过180家，而2022年香港拥有800多家金融科技公司，包括许多独角兽企业，其中不少是由海外人才创办。

（3）澳门积极探索与珠海在金融科技领域的合作。围绕特区政府的施政方向，澳门科学技术发展基金在2021年积极调整资助方向，侧重支持应用研究，推动成果转化，鼓励产学研合作，支持企业研发。2021年共支持639个项目，总金额约3.5亿澳门元。重点支持一批有转化、应用前景的研发项目，预计带动企业投入约5000万澳门元。澳门金融管理局持续完善金融法律法规，升级金融基建系统，深化跨境金融协作；透过优化市场环境，吸引新类型金融机构落户澳门，培育债券市场、财富管理、融资租赁等新金融业态，助力经济适度多元发展。

（四）金融监管合作纵深推进

《粤港澳大湾区发展规划纲要》提出，要建立粤港澳大湾区金融监管协调沟通机制。粤港澳大湾区具有“三套监管体系、多个监管主体”的差异。法律体系方面，内地与澳门类似，属于成文法系，香港为普通法系；监管模式上，内地为分业经营、分业监管，监管工作的开展主要以业务为对象，比如香港证券法律规定任何一人或公司开展某一证券业务，需要申请相应的业务牌照；澳门为分业经营、统一监管。监管规则方面，虽然近年来粤港澳三地金融监管理念发展逐渐趋同，但在具体条款上仍然存有差异。跨境金融机构监管方面，三地目前的监管方式为，“注册地”监管机构负责本辖区内的金融机构及金融集团的统一监管活动，“展业地”监管机构需要对其他地区在本地开设的分支机构进行监管。近年来，三地主要通过签署相关协议或谅解备忘录纵深推进监管合作。

银行业方面，协议内容主要包括定期磋商机制、定期信息交流机制、对对方在本辖区进行现场检查的互助机制等；证券业监管合作方面主要包括协助调查、信息交换及有关产品、市场的安排等。保险业方面，三地签订了关于信息共享、相互支援、反欺诈等内容的合作协议或谅解备忘录，同时加快推进三地保险监管体系的等效互认，2017 年 5 月 16 日签署了《关于开展偿付能力监管制度等效评估工作的框架协议》，旨在促进两地保险业共同发展及跨境业务往来，为两地保险业争取公平合理的发展环境。粤港澳三地监管信息共享机制要点见表 7-5。

表 7-5　粤港澳三地监管信息共享机制要点

关键方面	主要内容
建立信息合作机制	粤港澳三地应建立“展业地”和“注册地”监管机构之间的信息交流制度，及时相互提供监管机构履行职责所需信息
信息类别	对金融机构监管的必要信息，如“注册地”应将金融机构信息、监管金融机构运行的总体框架等信息提供给“展业地”。 监管行为通知：“展业地”（“注册地”）对于跨境分支机构采取任何实质性监管行动，或影响另一方履行职责的实质性发现应向“注册地”（“展业地”）告知。 重大情况/金融机构违规行为通知。 监管规则交流：“注册地”应及时、定期向“展业地”通报其对应跨境金融机构的监管条件及相关条款变动
信息保密	双方应以审慎监管为目的进行信息共享；信息传递、监管者执行公务中所获得的信息应受到三地信息保密法保护

同时，探索开展征信体系合作。2015 年江门金融局与澳门金融管理局签署《关于加强江澳金融合作的备忘录》，成为全国首个与澳门签订金融合作协议的地级市，其中一项重要的措施是推进信用合作，探索江门与澳门信用评级结果互认，把信用评级优秀的中小微企业推荐给澳门金融机构，引导企业 + 与国际金融市场对接，争取利用澳门资金降低企业成本，推动信息评级标准与国际金融市场接轨，实现互相借鉴，互利共赢。

第二节　其他城市融入粤港澳大湾区金融路径的经验借鉴

在粤港澳大湾区经济一体化的进程中，除了区内核心城市如香港、澳门、广州、深圳的直接参与至关重要外，周边省份如广西的积极融入同样意义非凡，与此同时，区内其他城市，如珠海、肇庆等的互融互通也显得尤为重要。这些地区通过创新的金融政策和深化合作机制，不仅为自身发展开辟了新的道路，同时也为粤港澳大湾区的整体经济发展注入了新的活力。这些城市在金融合作与融合方面的具体做法及其成效，为赣州推进区域协同发展提供宝贵的经验和借鉴。

一、广西加强与粤港澳大湾区金融合作的主要路径

在建设面向东盟的金融开放门户和全面对接粤港澳大湾区建设的背景下，广西加强与粤港澳大湾区的金融合作面临历史机遇期。近年来，广西凭借独特的区位条件、丰富的资源禀赋及政府提供的政策优惠，与粤港澳地区在金融机构设立、跨境收支业务、金融市场融资及交流机制构建等方面展开了深入的合作。

（一）推动金融机构和业务跨区域布局

在近年来金融市场的快速发展中，广西以其独特的地理位置和资源优势，深耕两广市场，以广州、深圳为重要立足点，迅速在广东全省布局，并与近500家专业及兼业保险代理公司和经纪公司建立了稳固的合作关系。广西金融投资集团旗下的北部湾财产保险股份有限公司，更是积极融入粤港澳大湾区发展，成为广西首家走向区外发展的全国性法人保险机构。此外，星展银行、南洋商业银行、汇丰银行、东亚银行及广州的广发银行也在广西设立了分支机构（其中，南洋商业银行和东亚银行来自中国香港，另外两家则是通过香港总部设立），进一步丰富了广西的金融业态，提升了其金融服务水平。同时，中银香港东南亚业务营运中心进驻南宁的中国—东盟金融城，为广西与东南亚地区的金融合作提供了新的平台。值得一提的是，中国太平保险集团也在广西设立了“中国太平保险集团东盟保险服务中心”，这一举措不仅增强了广西在保险服务领域的实力，也为其在东盟地区的发展奠定了坚实的基础。

（二）开展跨境人民币业务结算试点

广西，凭借其独特的地理位置——面向东盟、背靠内陆、紧密联系粤港澳大湾区，正积极推进与香港和澳门的跨境人民币业务。这些业务不仅局限于传统的贸易结算，更已拓展至投融资和金融市场交易等多个领域，业务种类日趋丰富和全面。自广西开展跨境人民币结算试点以来，其与香港之间的人民币跨境收支规模呈现出显著的增长态势。这一趋势不仅彰显了广西在跨境金融服务领域的实力，也体现了其与香港、澳门及东盟国家之间日益紧密的金融联系。中国人民银行广西壮族自治区分行数据显示，2023年广西跨境人民币结算量达4875亿元，同比增长120.5%，创10年新高。

（三）利用粤港澳大湾区资本市场发展直接融资

利用香港资本市场的发展优势，推动广西企业对接境外资本，拓展融资渠道。广西是中国对东盟跨境电商进出口业务的重要枢纽，已吸引100多家跨境电商企业入驻，目前，已有五菱汽车、神冠控股、中信大锰、巨星医疗控股和金嗓

子等8家广西企业在香港交易所上市。

（四）推动金融改革创新合作走向深入

广西与香港两地已正式签署《广西壮族自治区与香港特别行政区金融合作框架协议》，此协议在多个关键领域达成了深度的合作共识。首先，双方就金融机构的增设与拓展进行了深入探讨，并达成共识，以期提升两地金融服务的覆盖范围和质量。其次，在跨境人民币业务创新方面，两地共同寻求突破，旨在推动人民币的国际化进程，并为跨境贸易和投资提供更为便捷的金融服务。此外，广西与香港还就金融市场的开放达成了重要共识。双方计划逐步放宽市场准入，加强信息共享和监管协调，以构建更加开放、透明和高效的金融市场。在行业与人才交流方面，两地也进行了积极的探索，通过组织培训、研讨会等形式，促进金融从业人员的交流与学习，提升两地金融业的整体水平。最后，为了进一步深化合作，广西与香港还计划搭建多个合作平台，如金融合作论坛、项目对接会等，为两地金融机构和企业提供更多交流和合作的机会。通过这些平台，两地可以更加紧密地携手合作，共同推动金融业的繁荣发展。与广东提出在粤桂合作特别试验区建设“两广金融改革创新综合试验区”，制定了《粤桂合作特别试验区金融改革创新总体方案》，出台了行动计划，推动两地在金融组织体系建设、融资模式创新、跨境人民币业务创新、人才引进等方面加强合作。

二、广东珠海参与粤港澳大湾区建设的金融发展路径

（一）设立粤澳跨境金融珠海示范区

粤澳跨境金融珠海示范区已挂牌横琴自贸区，支持珠海特色金融发展。2023年上半年，前海深港现代服务业合作区实际使用外资19.56亿美元，其中港资17.36亿美元；横琴粤澳深度合作区实际使用外资7.22亿美元，澳资企业5688家，同比增长15.3%。前海已成为港资金融机构进入内地的“第一站”，横琴成为澳资企业投资的摇篮。2023年，横琴共有金融类企业5500余家，注册资本超过1万亿元，财富管理机构资产管理规模超过4万亿元。共有持牌金融机构86家，其中银行业金融机构27家、证券业金融机构12家、保险业金融机构29家。累计注册港澳资金融类企业148家，其中澳资金融类企业25家，注册资本18.78亿元。

（二）推动珠海企业跨境融资

2019年，《粤港澳大湾区发展规划纲要》提出“研究探索澳门—珠海跨境金融合作示范区”，开启粤港澳大湾区澳珠一极金融协同发展的新篇章。2021年9月，《横琴粤澳深度合作区建设总体方案》明确支持横琴发展现代金融产业，营造与港澳、国际接轨的金融营商环境，探索高水平开放的金融监管协调机制。2024年，珠海深化跨境金融合作，加快推进粤港澳大湾区跨境母基金项目，全

市已落地 51 家 QFLP 和 QDLP 试点企业。华发集团作为粤澳跨境金融发展的主力军，近年来已落地 24 个粤澳跨境金融创新项目，其中 11 个为“全国首单”，包括澳门首单公募公司债、首单横琴合作区企业债、横琴合作区首个跨境数据验证平台、首款面向澳门居民的跨境医疗保险产品等。

（三）引进港澳地区资金支持创新创业

自 2018 年以来，珠海试点 QFLP 政策，允许境外投资者设立股权投资基金，并通过基金再投资其他项目。横琴设立澳门青年创业谷，入驻澳门企业超过 200 家，提供配套金融服务和天使基金支持就业创业。截至 2022 年 11 月，珠海市人社部门建设和认定的 30 家创业孵化基地累计孵化港澳创业项目 542 个，在孵港澳创业项目 185 个，直接带动就业近 3000 人。

（四）推出便利三地居民的金融服务措施

港珠澳大桥通车以来，三地居民交流大幅增加，对金融服务需求不断提升。政府推动了一系列便利措施。例如，珠海正在推进跨境电子钱包，澳门居民可以在珠海直接使用澳门银行卡进行支付。此外，珠海建设了跨境金融服务中心。虽然该中心不能进行保险销售，但澳门居民在内地发生保险理赔需求时，可直接在内地办理勘验和理赔等后续事宜。

三、广东肇庆参与粤港澳大湾区建设的金融发展路径

（一）切实加强组织领导

2019 年，肇庆成立推进粤港澳大湾区建设领导小组金融专项小组，统筹协调全市推进粤港澳大湾区建设金融领域专项工作。市金融局会同中国人民银行肇庆市中心支行和肇庆银保监分局成立金融支持粤港澳大湾区建设工作研究小组，组织专题会议，研究制定金融支持粤港澳大湾区建设金融领域工作要点，着力研究推进金融支持肇庆市参与粤港澳大湾区建设的重大事项。

（二）大力发展跨境金融

2023 年，肇庆市商务局和国家外汇管理局肇庆市中心支局联合主办的跨境贸易便捷结算平台“肇汇通”解决了企业线下准备单证资料及往返银行时间成本高的问题，并提高了银企信息对称性和银行人工审核效率，实现跨境资金 10 分钟到账，大幅提高外贸企业资金周转效率，为优化跨境电商综试区金融服务环境探索了新路径，积累了新经验。

（三）推动科技金融发展

推广使用跨境金融区块链服务平台，截至 2020 年 5 月末，肇庆共有 13 家银行参加试点，36 家分支机构开通准入权限，累计办理业务 19 笔，金额约 2241 万美元，有效解决了银企跨境融资难的问题。肇庆还着力打造粤信融肇庆分平台，提高企业在线融资对接效率。截至 2020 年 5 月末，辖内 25 家银行机构共 612 个

网点接入平台，发布信贷产品319个；中小微企业累计注册4531家，通过平台签订授信合同3819家，成功完成银企融资撮合8268笔，金额789.22亿元，融资平均利率5.97%。

第三节　赣州金融业融入粤港澳大湾区的态势分析

赣州作为全国普惠金融改革试验区和江西省省域金融次中心城市，在推动区域金融合作和创新发展方面展示出显著的活力和潜力。然而，在推进与粤港澳大湾区金融业深度融合的道路上存在一些问题和面临一些挑战。

一、赣州金融业发展现状分析

赣州作为全国普惠金融改革试验区、全省省域金融次中心城市、赣粤闽湘四省边际性金融中心，近年来，赣州金融业呈现出快速发展的态势。2023年，赣州金融保险业增加值324.26亿元，同比增长7.6%，占第三产业增加值的比重13.83%，金融业支柱产业地位业已形成；全市存贷款余额已经突破1万亿元，达到13855.24亿元；江西省首家科创板企业落户赣州，截至2023年，赣州上市企业总数达18家，其中上市企业5家，新三板挂牌企业8家，上市挂牌企业总数位列全省第二。截至2024年6月，赣州金融机构数量达到了190家，为四省周边地市金融机构数量最多、种类最多的地级市。全市金融系统解放思想、迅速行动，在与粤港澳大湾区金融对接上取得了丰富的进展。

（一）与粤港澳大湾区金融部门建立合作机制

积极推进落实与深圳、广州、珠海等城市的金融交流合作事项，于2017年11月、2018年1月分别与深圳、广州签订了《金融对口合作框架协议》，并多次组团赴粤港澳大湾区开展金融学习考察活动，积极参与广州金交会等活动。与深圳证券交易所、深圳资本市场学院开展对接合作。2023年3月6日至8日，深赣金融对口合作系列活动在深圳举行。

（二）积极与粤港澳大湾区金融机构建立合作项目

引进平安银行、国信证券、太平洋保险等总部在粤港澳大湾区的金融机构在赣州设立分支机构。推动深圳市属国企与赣州发起设立新型证券公司，推动平安集团与赣州共建赣州金融商务核心区、共同设立扶贫产业发展基金等。

（三）推动赣州党员干部赴深圳开展金融等专题培训

多次组织市、县主要经济部门和部分重点企业有关负责同志赴深圳证券交易所、资本市场学院、深圳招银大学等开展金融专题学习培训活动。

（四）建立日常推进与协调机制

金融领域组建了粤港澳大湾区合作项目推进工作领导小组，下发了《推进落实粤港澳大湾区合作项目任务分工表》，对合作项目进行细化分工，定期召开合作事项调度会，推动各相关部门加强与粤港澳大湾区的金融对接力度，争取合作事项尽快落地。

赣州金融业发展正经历由满足赣州区域市场向四省周边地市集聚辐射转变的关键阶段，要支撑赣州建设四省九市区域性金融中心、省域金融次中心的目标，打造全国性普惠金融改革试验区，结合赣州的区位优势，通过“借船出海”，打造对接粤港澳大湾区金融桥头堡是一条重要的路径。结合当前粤港澳大湾区金融业发展的最新进展及赣州当前金融业发展情况，以下就赣州金融业对接融入粤港澳大湾区的优势、劣势、机遇及挑战进行分析。

二、赣州金融业融入粤港澳大湾区的优势

赣州对接融入粤港澳大湾区，打造粤港澳大湾区桥头堡有三大优势：(1) 赣州的区位优势为其与粤港澳大湾区密切联动提供便利；(2) 赣州良好的产业基础为粤港澳大湾区金融机构提供空间；(3) 省、市强烈对接意识为其与粤港澳大湾区密切联动提供保障。

(一) 赣州的区位优势为其与粤港澳大湾区密切联动提供便利

从地理区位来看，赣州作为江西的南大门，地理位置得天独厚。其南部紧邻经济活跃的广东，背靠包括江西在内的广阔内陆腹地，这使得赣州在区域经济发展中发挥着至关重要的桥梁和纽带作用。无论是从内陆的资源输出，还是沿海的商贸交流，赣州都扮演着不可或缺的角色。

从交通区位来看，赣州更是占据了极其重要的战略位置。作为珠三角的直接腹地，赣州不仅是连接长三角和珠三角的关键节点，更拥有“铁陆空”全方位连通的交通网络。这使得赣州在物流、人流、信息流等方面具备了巨大的优势，为地区间的经济交流和合作提供了强有力的支撑。

在政策和平台优势方面，赣州同样具有显著的优势。作为华东地区唯一执行西部大开发政策的设区市，赣州享受到了国家政策的诸多优惠和倾斜，为当地的经济发展注入了强大的动力。同时，赣州还凭借其独特的“投资洼地”优势，吸引了大量的投资，推动了当地产业的快速发展。

此外，赣州与香港之间也有着深厚的渊源和紧密的联系。两地地缘相近、人缘相亲、商缘相连，使得双方在经济、文化等多个领域都有着广泛的合作和交流。东江源作为港深居民饮用水的重要水源地，与赣州紧密相连；赣州作为供港食品的生产基地，为香港提供了丰富优质的食品资源。同时，香港也已成为赣州最重要的合作伙伴之一，港资企业已成为赣州利用外资的主要力量，为赣州的经济发展注入了新的活力。

(二) 赣州扎实的产业基础可为粤港澳大湾区资金提供项目

2023 年，赣州经济再创新高，全市生产总值跃升至 4606. 2 亿元，同比增速

5.3%，领跑全国和江西省，分别高出0.1个百分点和1.2个百分点。这一年，赣州聚焦于“两城两谷两带”的宏伟蓝图，精心引进并实施了一批科技含量高、产业带动性强、补链效应显著的重大项目。新能源汽车科技城内，国机智骏、凯马、中电汽车纷纷实现整车下线，象征着赣州在新能源汽车领域的跨越式发展。与此同时，中车生一伦、亿鹏电池等核心零部件项目正加快建设步伐，为赣州的新能源汽车产业注入了强劲动力。现代家居城内，总投资高达120亿元的格力电器（南康）智造基地项目正式开工，标志着南康家居产业正式迈入“家具+家电+家装”的融合发展新时代。在中国稀金谷，首期占地1万亩的永磁电机产业园已规划建设完毕，这里将汇聚高性能磁材、稀土电机等项目的合作力量，共同推动赣州稀土产业的创新发展。青峰药谷则搭建了一个集技术研发、生产制造、医药物流服务、药材种植、健康旅游于一体的全产业链体系，实现了从原料到成品的无缝对接，为赣州医药产业的发展注入了新的活力。电子信息产业带内，赣州围绕5G应用、人工智能、大数据、物联网、新型电子材料、智能终端等领域展开布局，引导各地实现差异化错位发展。此外，赣州纺织服装产业带也呈现出蓬勃发展的态势，规模以上企业数量达到236家，年产值高达700亿元。

（三）省、市强烈对接意识为其与粤港澳大湾区密切联动提供保障

江西省人民政府印发《关于支持赣州打造对接融入粤港澳大湾区桥头堡若干政策措施的通知》，明确要强化金融支持。支持粤港澳大湾区企业在赣州发起设立地方法人金融机构，引导粤港澳大湾区金融机构在赣州设立一级分支机构、后台服务中心；支持粤港澳大湾区与赣州合作设立股权投资基金、建设金融小镇；开展应收账款、仓单质押等在线供应链金融服务等。中国人民银行南昌中心支行出台《关于支持赣州打造对接融入粤港澳大湾区桥头堡若干措施的通知》、江西省银保监局出台《关于支持赣州打造对接融入粤港澳大湾区桥头堡加快建设省域金融次中心若干措施的通知》，提出持续加大金融资源供给、着力降低金融服务成本、支持赣州重大项目建设、支持赣州“两城两谷两带”建设、支持赣州各地首位产业集群建设、支持赣州跨境电子商务综合试验区建设。赣州市委、市政府印发《关于打造对接融入粤港澳大湾区桥头堡的意见》，全面吹响对接融入粤港澳大湾区的号角。

三、赣州金融业融入粤港澳大湾区的劣势

赣州对接融入粤港澳大湾区，打造粤港澳大湾区桥头堡有三大劣势：（1）金融资源稀缺，金融集聚较弱；（2）缺少大体量的金融对接平台；（3）金融理念和金融创新意识还存在较大差距。

（一）金融资源稀缺，金融集聚较弱

赣州是对接粤港澳大湾区的桥头堡，而粤港澳大湾区金融产业主要以香港、

深圳、广州为核心。近几年，赣州金融业发展虽然经历了快速发展的阶段，但由于底子薄、基础差等原因，赣州金融资源仅为深圳的5%~6%、广州的9%~10%，差距非常悬殊，在粤港澳大湾区11个城市中，赣州金融体量仅与江门市体量相当，属于第三梯队。2022年赣深广三市金融聚集能力比较见表7-6。

表7-6 2022年赣深广三市金融聚集能力比较

具体指标	赣州	深圳	广州
金融业增加值/亿元	307.80	5137.98	2596.15
各项存款余额/亿元	4918.87	116577.32	77119.84
各项贷款余额/亿元	7456.17	78704.75	66682.86
上市公司数量/亿元	18	423	145
上市公司市值/亿元	1900.00	86534.87	19831.43
金融从业人员/人	31500	328300	125200
保险从业人员/人	43700	900000	685100

注：只统计境内上市公司数量和总市值。

（二）缺少大体量的地方金融对接平台

截至2022年12月，赣州银行各项贷款达到1732亿元，全行资产规模达到2638亿元；深圳拥有世界500强企业平安集团、招商银行、深投控等具有全球竞争力的大型本土金融机构；广州地方金融机构实力也不弱，广州银行资产规模7939.32亿元，为赣州同类型金融机构的4.58倍。

（三）金融理念和金融创新意识还存在较大差距

当前，赣州县（市、区）一级的金融发展理念亟待提升，金融环境尚不成熟。金融业往往仅被视为融资的手段，缺乏对其行业系统性、全面性的规划和考量。在金融产品创新方面，金融机构的同质化竞争尤为突出，例如在应收账款质押融资、仓单质押融资、出口信保保单融资、关税保证保险等业务领域，均表现出发展滞后的状况。同时，在吸引港澳地区外资方面，缺乏有效的渠道和制度安排。这不仅可能导致地方金融资源的竞争加剧，还可能对当地的金融生态造成破坏。

四、赣州金融业融入粤港澳大湾区的机遇

打造对接融入粤港澳大湾区桥头堡已成为江西省、赣州市的重要发展战略，至少存在四大发展机遇。

（一）粤港澳大湾区金融溢出效应

随着金融业新一轮的对外开放，以及对港澳地区跨境设置机构的制度安排，使得粤港澳大湾区内金融机构有着强烈的跨境布局金融机构的冲动，带来强烈的

金融溢出效应。利用赣州周边四省九市的区位优势，南联深圳和广州国际金融中心，畅通金融资源流通渠道，做好粤港澳大湾区的金融“后花园”、金融后勤基地，将劳动密集型、中低技术型、后勤保障型、应用试验型等金融产业链和金融业态引入赣州，全力为深广二大国际金融中心提供后勤保障工作。

（二）粤港澳大湾区金融创新样板

粤港澳大湾区内金融产品和服务创新特点鲜明，一方面来自于对金融跨境业务的安排；另一方面对于支持科技、能源等粤港澳大湾区内产业的发展，催生了一大批金融产品和服务模式的创新。在赣州市承接粤港澳大湾区产业转移的大背景下，针对产业转移创新的配套金融服务，将迫使地方金融机构进行产品和服务的创新，粤港澳大湾区内现成的经验也将进一步为赣州提供可复制的样板。

（三）粤港澳大湾区资管对接融入契机

目前，赣州市“两城两谷两带”和各县首位产业的发展为资源机构展业带来丰富的场景。通过粤港澳大湾区风投行业资管机构来导入“资源+资本”，能够提供丰富的金融资源和全方位金融要素服务。

（四）粤港澳大湾区金融科技应用场景

粤港澳大湾区金融科技蓬勃发展，如有平安集团“金融壹账通”等众多金融科技公司，赣州在金融科技发展方面也进行了诸多探索，可依托粤港澳大湾区金融科技发展经验，推动更多的金融科技应用场景落地赣州。

五、赣州金融业融入粤港澳大湾区的挑战

粤港澳大湾区是我国经济实力最强、开放程度最高、经济最具活力的地区之一，随着交通基础设施的互联互通，赣州对接融入粤港澳大湾区，打造粤港澳大湾区桥头堡也将面临两大挑战。

（一）与粤港澳大湾区互联互通可能带来金融人才的“虹吸效应”

作为承接粤港澳大湾区产业转移的桥头堡，赣州金融企业对金融开放创新准备不足。随着深圳、广州等地人才引入政策的不断升级，城市间金融人才争夺加剧，留存难度提升。一方面，一线城市针对金融运营管理人才，金融科技、金融交易、金融监管等紧缺人才推出“送房”“送钱”“送户口”“送培训交流”等全方位政策；另一方面，一线城市金融改革步伐加快，新业态、新模式、新工具衍生出新岗位，为金融人才提供更为广阔、更有吸引力的发展空间。一线城市的金融人才“虹吸效应”显著，赣州吸引和留住金融人才面临严峻的外部挑战。

（二）粤港澳大湾区金融资源的导入可能冲击本土金融机构的发展

目前，赣州金融业仍是以银行为主导的传统金融产业，传统金融占总资产、总收入、净利润的90%以上，新兴金融业态发展滞后，研发创新不足，金融科技普及面不广。在金融开放创新的形势下，“十四五”期间我国金融新模式和新

业态将快速涌现，金融产品定价市场化，服务跨区域、信用数字化，授信智能化等特点将更加明显，极大地改变企业生产融资和居民消费方式，这些崭新的金融业态将逐步颠覆并取代传统金融。粤港澳大湾区作为金融科技发展的主阵地，随着机构和业务的进一步互通，上述变化将给赣州以传统金融业为主体、开放创新能力不强的地方金融机构局面带来巨大挑战和冲击。

第四节　赣州金融业融入粤港澳大湾区的具体路径

赣州市委五届九次全会吹响了打造对接粤港澳大湾区桥头堡的集结号，围绕赣州建设全国性普惠金融改革、省域金融次中心、区域性金融中心的目标，赣州打造对接融入粤港澳大湾区金融桥头堡，要从服务流（金融机构互设与展业）、资金流（资金的跨区域流动）、信息流（加强金融培训、金融监管的沟通交流等）三个方面加以推进。

一、服务流：借力粤港澳大湾区丰富金融资源，推进金融机构互设与展业

（一）推动粤港澳大湾区金融企业参与完善地方法人金融机构

当前，赣州正在积极争取发起设立新型证券公司、公募基金公司等本地法人金融机构，赣州本土拥有相关资源和管理经验的发起人还比较少，严重制约了本地法人金融机构设立步伐。粤港澳大湾区具有丰富的金融资源，机构的资本实力和管理经验都比较丰富，在筛选发起股东时，可以优先考虑粤港澳大湾区企业，同时，将运营重点优先向粤港澳大湾区布局，借力粤港澳大湾区金融资源完善本地金融机构体系。

（二）推动与粤港澳大湾区金融机构互设

以蓉江新区金融商务区建设项目为纽带，着力引进粤港澳大湾区金融企业作为运营主体，通过龙头带动及靶向引进的方式，双管齐下，推动粤港澳大湾区金融机构来赣州布局设点，尤其是在新一轮金融对外开放的大背景下，可考虑同步引进一至两家港资或澳资的金融机构来赣州设立分支机构；同时，在监管政策允许的情况下，支持本地金融机构向粤港澳大湾区延伸金融网点。港澳部分金融机构在内地新一轮开放措施后准入标准见表 7-7。

表 7-7　港澳部分金融机构在内地新一轮开放措施后准入标准

机构类别	状态	2018 年以来内地金融业开放举措	当前港澳机构适用标准
银行	设立	取消外资银行准入（设立法人和设立分行）的总资产要求；取消单家外资银行对中资商业银行的持股比例上限	设立分支机构已无申请门槛，但须内地监管机构审批

续表 7-7

机构类别	状态	2018 年以来内地金融业开放举措	当前港澳机构适用标准
银行	展业	取消外资银行开办人民币业务审批；取消外资银行申请人民币业务须满足开业 1 年的等待期要求；允许外国银行分行从事“代理发行、代理兑付、承销政府债券”业务，降低外国银行分行吸收单笔人民币定期零售存款的门槛至 50 万元	外资银行开业是即可经营人民币业务，可吸收不少于人民币 50 万元的定期存款；外国银行分行可从事“代理发行、代理兑付、承销政府债券”业务
保险	设立	取消 30 年经营年限、需开设 2 年代表处的设立要求；将取消外资寿险股比限制时间提前至 2020 年	除保险经纪公司外，外资保险设立仍有总资产门槛（50 亿美元），且均须内地监管机构审批；合资人身险公司外资比例不超过 51%
	展业	取消从事保险经纪业务总资产不少于 2 亿美元的要求；允许合规外资来华经营保险代理业务和保险公估业务	经审批获外资保险牌照的可从事财险、人身险业务；保险代理业务、保险公估业务、保险经纪业务
资产管理	设立	鼓励境外金融机构参与设立、投资入股商业银行理财子公司；允许境外金融机构投资设立、参股养老金管理公司；深圳、广州、珠海推出外商股权投资管理企业（QFLP）试点	可设立银行理财子公司、养老金管理公司；港澳机构赴珠海设立 PE 要求管理人注册资本不少于 200 万美元、于珠海注册、认缴出资额和净资产规模不低于 600 万美元；港澳机构赴广州设立 PE 不设最低注册资本或认缴出资限制，在首次出资比例、出资期限等方面无限制；港澳机构赴深圳设立 PE 管理人注册资本不少于 200 万美元、QFLP 注册资本不少于 1500 万美元

（三）推动与粤港澳大湾区金融机构跨区域展业

在监管政策允许的框架内，推动粤港澳大湾区金融机构跨区域展业便利化。积极向省里争取支持，在小额贷款、商业保理、融资担保、融资租赁等不涉及中央事权的业务领域，先行对粤港澳大湾区持牌机构适当放开准入，加速推动与粤港澳大湾区金融机构的合作。借鉴粤港澳大湾区先进经验，积极探索开展应收账款质押融资、仓单质押融资、出口信保保单融资、关税保证保险等产品和服务，大力发展具有赣州本地特色的普惠金融产品和服务，推动赣州普惠金融改革试验区的创建工作。

二、资金流：借力粤港澳大湾区“两种制度”优势，连通境内境外两个市场

（一）推动赣州企业境外发债

借助粤港澳大湾区的“债券通”等制度的安排，通过港澳市场，连通境外市场，推动企业在境外发行中资美元债（见表 7-8）、熊猫债等债券品种，获得

境外低成本的资金，拓展企业的融资渠道。

表 7-8 中资美元债相关政策

时 间	政 策	内 容
2018 年 5 月	《国家发改委、财政部关于完善市场约束机制严格防范外债风险和地方债务风险的通知》	与外管局根据宏观审慎原则协调监管，响应“一带一路”引导资金投向绿色、新型产业等产业，严控资金流向
2022 年 9 月	《企业中长期外债审核登记管理办法（征求意见稿）》	是国家发改委为进一步完善企业中长期外债管理，提升规范化、制度化、透明化和便利化水平，提高外债资金使用效益，支持实体经济发展，有效防范外债风险，促进企业境外融资健康有序开展而起草的管理办法
2023 年 2 月	《企业中长期外债审核登记管理办法》	是切实支持实体经济发展，有效防范外债风险而制定的管理办法
2024 年 7 月	国家发改委正式印发《支持优质企业借用中长期外债促进实体经济高质量发展的通知》	或有利于非城投/房地产行业优质国企发行境外债券。这一政策可能会对中资美元债的供给和发行产生积极影响

（二）推进企业在香港、深圳在证券交易上市融资

今年前三季度，全球交易所 IPO 融资排名，香港排名第三、深圳排名第五。粤港澳大湾区内丰富的证券交易优势，为赣州企业融资提供了新的渠道。当前，深圳证券交易所创业板注册制的推出、香港对科技公司“同股不同权”的制度安排，进一步激活了市场活力。在此背景下，要大力支持赣州企业借力粤港澳大湾区的证券市场优势，进一步加强对接，推动企业登陆资本市场。

（三）畅通粤港澳大湾区资管行业进入赣州渠道

依托粤港澳大湾区资管行业的丰富资源，设置湾区产业转移承接基金，针对不同行业、不同规模产业调整基金支持方向和力度；与深圳、广州等地金融机构合作，针对新兴金融业态发展形势，规划建设产业合作基金园；引进深圳金融科技企业、风险投资公司、金融咨询公司、天使投资基金、股权投资基金、强化对产业和项目的融资评估，为赣州高新技术产业发展提供有力的金融支撑。

三、信息流：借力粤港澳大湾区金融发展特色，加强发展理念、监管、征信等方面互通

（一）加强与粤港澳大湾区金融部门合作

在与深圳、广州《金融对口合作框架协议》合作框架下，加强与粤港澳大湾区金融监管部门的沟通交流，每年定期进行沟通交流，并组织参加各类论坛活动；深化与深圳证券交易所、深圳市资本市场学院的合作，加强党政领导干部、

企业与资本的交流活动，提高资本市场意识。探索与粤港澳大湾区传染性金融风险处置上的联合监管执法，切实加强监管信息互动、监管行为联动；借鉴深圳、广州在非法集资预警等方面的先进经验，加强赣州市的风险监管水平和能力。

（二）学习粤港澳大湾区金融发展理念

粤港澳大湾区金融市场是一个高度市场化的市场，充分借鉴其金融发展理念。加强与粤港澳大湾区金融监管部门、金融机构人员的培训互动，每年定期组织1~2次赣州市领导干部、企业家赴深圳、广州学习前沿金融知识，加强人员的往来；创造条件以挂职、短期交流学习的方式，把赣州市的金融管理人员送往深圳、广州地区跟班学习。

（三）推动与粤港澳大湾区的征信合作

探索推进与粤港澳大湾区的征信合作，探索赣州与广州、深圳等地信用评级结果互认，把信用评级优秀的中小微企业推荐给粤港澳金融机构，引导企业与粤港澳大湾区金融市场对接，争取利用粤港澳大湾区资金降低企业成本，推动赣州市信用评级标准与国际金融市场接轨，实现互相借鉴，互利共赢。

第八章　数字化转型赋能制造业高质量发展新动能

党的二十大强调数字化转型对推动我国经济社会发展至关重要，提出加速构建数字基础设施体系，推动新一代信息技术融合应用以提高数字化发展水平。在全球制造业竞争激烈的背景下，数字化、网络化、智能化是推动制造业变革及提升国家竞争力的关键。

制造业高质量发展是我国工业现代化的重要标志。赣州处于工业化与信息化深度融合关键期，其“十四五”制造业高质量发展规划致力于推进数字化和智能化转型，以科技创新实现生产力飞跃。数字化转型不仅是技术升级，更是对管理理念、业务流程及产业生态的全面革新。云计算等先进技术成为推动传统制造业向智能制造转变的关键工具，能提升赣州市制造企业响应速度、优化资源配置、提高生产效率和产品质量，增强行业核心竞争力。同时，赣州市在数字化转型中面临技术应用、人才培养、资金投入等挑战，确保转型的有效性和可持续性是亟待解决的问题。本章通过分析国内外成功案例并结合自身情况，提出策略建议，为制造业数字化转型提供参考。

第一节　制造业高质量发展的探索与实践

2022 年初，国务院印发了《“十四五”数字经济发展规划》，提出要立足不同产业特点和差异化需求，纵深推进工业数字化转型，加快研发设计、生产制造、经营管理、市场服务等全生命周期的数字化转型。2021 年，赣州市工业和信息化局发布的《赣州市“十四五”制造业高质量发展规划》明确制造业向数字化、网络化、智能化、平台化、绿色化转型，构建赣州特色现代产业体系。2022 年，赣州市政府印发《关于进一步做优做强数字经济的实施方案》，旨在加快制造业数字化、网络化、智能化转型升级，推动制造业高质量发展。2023 年，赣州市制定了《2023 年赣州市做优做强数字经济工作要点》，旨在全面贯彻落实党的二十大精神，推动数字经济成为全市经济发展的新动能，加快建设现代化产业体系。工作要点中明确了主要目标，包括抢抓深赣对口合作战略机遇，深入推进赣深数字经济走廊建设，全面补齐发展短板弱项，高水平、高质量打造赣州市数字经济“一号发展工程”升级版。

一、制造业高质量发展现状

（一）工业增加值增速

在深入探究2023年赣州规模以上工业（以下简称“规上工业”）的增长态势时（见表8-1），发现了一系列显著的趋势和变化。全年规上企业总数达到2680家，较上年底净增218家，这一增长不仅体现了市场活力的提升，也预示着工业结构的持续优化。

表8-1　2023年规模以上工业主要产品产量及其增长速度

产品名称	计量单位	指标值	同比增长/%
原盐	万吨	69.67	-10.5
精制食用植物油	吨	8454.90	32.7
饮料酒	千升	39149.14	27.0
白酒（折65度）	千升	6421.00	55.9
布	万米	4223.05	-32.8
服装	万件	19878.94	-11.5
人造板	万立方米	127.92	-18.1
家具	万件	3397.74	-10.4
机制纸及纸板	万吨	41.74	-6.7
烧碱（折100%）	万吨	20.42	21.5
中成药	吨	5209.94	10.8
化学纤维	吨	17600	91.4
水泥	万吨	1688.34	-3.4
钢材	万吨	139.99	20.5
十种有色金属	吨	54800	-9.5
铜材	万吨	32.53	36.0
锂离子电池	亿只	3.66	35.8
太阳能电池（光伏）	万千瓦	210.84	57.3
灯具及照明装置	亿套（台、个）	1.66	-19.6
显示器	万台	448.50	-14.3
液晶显示屏	亿片	3.15	22.8
电子元件	亿只	52.82	20.4
印制电路板	万平方米	2861.43	-1.1
发电量	亿千瓦时	277.61	5.8
火力发电量	亿千瓦时	204.72	8.1
水力发电量	亿千瓦时	15.87	3.9

数据来源：根据2023赣州市统计局发布的统计公报整理所得。

在总量上，全年规上工业增加值实现了10.3%的同比增长，这一增长势头强劲且稳健。从产业类型来看，轻工业虽略有下降（0.7%），但重工业的增长势头更为显著，达到了14.5%，这显示了重工业在推动整体工业增长中的重要作用。

从经济类型的维度分析，不同所有制企业表现各异。国有企业和集体企业分别实现了12.4%和20.2%的增长，显示出国有和集体经济的强劲活力。股份制企业增长13.6%，也呈现出良好的发展态势。然而，外商及港澳台商投资企业和其他经济类型企业分别出现了14.4%和8.4%的下降，这可能与外部环境变化及市场竞争加剧有关。

在行业结构上，35个行业大类中有19个行业实现了增长，这显示了工业发展的广泛性和多样性。其中，化学原料和化学制品制造业增长70.8%，汽车制造业增长42.5%，专用设备制造业增长35.9%，这些高增长率的行业对于推动整体工业增长起到了关键作用。同时，计算机、通信和其他电子设备制造业、橡胶和塑料制品业、黑色金属冶炼和压延加工业以及食品制造业也均实现了不同程度的增长。

值得注意的是，新产业和高技术制造业在2023年加速发展。高技术制造业增加值增长15.0%，快于规上工业4.7个百分点，占全部规上工业的比重达到25.6%，这表明了新产业对于工业增长的贡献日益凸显。同时，装备制造业增加值增长16.6%，快于规上工业6.3个百分点，占比达到33.0%，这进一步证明了制造业在推动工业增长中的核心地位。

综上所述，2023年全市规上工业增长态势良好，不仅总量实现了快速增长，而且在结构上也呈现出优化的趋势。未来，应继续加大对新产业和高技术制造业的扶持力度，推动工业高质量发展。

(二) 智造水平

在2019—2023年的连续四年间，江西省工信厅举办的智能制造标杆企业评选中，赣州凭借其出色的表现（见表8-2），始终占据榜首位置，成为全省智能制造发展的领军城市。与此同时，为进一步推动智能制造技术的广泛应用和提升企业自身的竞争力，赣州已有超过100家企业成功完成了智能制造能力成熟度的自我评估工作。

表8-2 2019—2023年赣州获评江西省智能制造标杆企业名单数量

年份	江西省智能制造企业数量/家	赣州市智能制造企业数量/家	智能制造企业名单
2019	44	7	江西鞍州国秦特种化工有限责任公司、江西蒙山乳业有限公司、江西赣南海欣药业股份有限公司、江西志浩电子科技有限公司、赣州富尔特电子股份有限公司、赣州明高科技股份有限公司、江西脉动智能制造时尚产业发展有限公司

续表 8-2

年份	江西省智能制造企业数量/家	赣州市智能制造企业数量/家	智能制造企业名单
2020	46	6	赣州澳克泰工具技术有限公司、赣州市深联电路有限公司、朝阳聚声泰（信丰）科技有限公司、孚能科技（赣州）股份有限公司、国机智骏汽车有限公司、龙南骏亚精密电路有限公司
2021	40	7	江西赣州国泰特种化工有限责任公司、江西绿萌科技控股有限公司、赣州中科拓又达智能装备科技有限公司、赣州市同兴达电子科技有限公司、江西赣悦新材料有限公司、崇义章源钨业股份有限公司、江西美润环保制品有限公司
2022	65	12	赢家时装（赣州）有限公司、赣州市南康区城发家具产业智能制造有限责任公司、江西佰盈体育科技股份有限公司、江西青峰药业有限公司、江西金力永磁科技股份有限公司、龙南骏亚电子科技有限公司、赣州富尔特电子股份有限公司、赣州兴雪莱服装有限公司、赣州腾远钴业新材料股份有限公司、赣州市全标生物科技有限公司、赣州爱康光电科技有限公司江西联茂电子科技有限公司
2023	70	5	江西中氟化学材料科技股份有限公司、赣州金信诺电缆技术有限公司、江西德上制药股份有限公司、江西联淦电子科技有限公司、江西宏远化工有限公司等

数据来源：根据 2020—2023 年江西省工信厅发布的江西省智能制造标杆企业评审结果名单统计。

二、构建制造业高质量发展政策体系

赣州为推动制造业高质量发展，制定了一系列政策措施。首先，鼓励具备条件的地区设立专项资金，探索建立多元化、多渠道的社会投入机制，并落实好税收优惠、减税降费政策，为制造业数字化转型创造良好发展环境。其次，加快构建工业互联网平台服务体系，实施“万家企业上云”行动，开展智能制造升级工程，建立制造业数字化转型升级解决方案清单。此外，赣州还印发了《赣州市“十四五”数字经济发展规划》，明确包括产业数字化、制造业数字化、国家两化融合管理体系贯标评定企业等内容。同时，赣州正在征集数字化转型服务商，以满足制造业企业的数字化转型需求。

三、夯实制造业数字化转型新基础设施

制造业作为国民经济的核心组成部分，数字化转型是其保持竞争力的关键。赣州正大力推进数字经济发展，筑牢制造业数字化转型的新基础。根据《赣州市“项目大会战”新型基础设施领域（2021—2023 年）专项行动方案》，政府计划

整合资源和政策优势，推进 132 个新型基础设施项目，涵盖信息基础设施、融合基础设施、创新基础设施三个核心方向。

赣州在 5G 通信建设方面展现出了卓越的布局速度，2023 年末移动电话基站数量达到 6. 86 万个，其中包括 4. 2 万个 4G 基站和 2. 5 万个 5G 基站，这标志着其通信基础设施的显著进步。同时，年末的固定及移动电话用户总数也达到了 985. 4 万户，其中移动电话用户占据主导，达到了 907. 09 万户，而固定电话用户为 78. 32 万户。此外，固定互联网宽带接入用户数量也达到了 357. 71 万户，这进一步证明了赣州在通信服务领域的广泛覆盖和强劲发展势头。

四、加快制造业提质降本增效

赣州的制造业正从传统信息化迈向数字化与智能化。企业逐步布局 ERP 系统、5G 网络、AI 技术等数字工具，通过技术升级，优化生产流程，实现质量和效率双提升，降低生产成本。这一转变得益于先进技术实现的设备互联和工序同步。

以赣州纺织服装行业协会为例，该协会的成立标志着产业由分散走向集群式发展，预示着赣州即将迎来以科技、时尚和绿色为导向的纺织服装制造业腾飞。一系列项目相继启动，如于都老旧车站改造为现代市场、宁都浪峰服饰男裤项目投产、石城科技园区和兴国鑫月纺织等项目的推进。

五、推动制造业产品走向全球化

数字化转型在制造业中的首要目标是提升质量、减少成本、提高效率。但对于追求可持续发展的企业来说，绿色生产的全过程节能减排监控与优化同样至关重要。赣州多个领军工厂已基本完成绿色化标准转型，助力企业迈向绿色低碳发展。

以南康区城发家具产业智能化制造有限公司为例，其集成 5G、工业互联网、大数据、人工智能等技术，实现高效率、低成本的生产流程。在供应链管理上，采取严格的绿色标准，确保原材料的环保属性。此外，该公司构建了优化后的绿色工厂，实现 40% ~50% 的能源使用降幅，满足甚至超越国际环保标准。

六、引领制造业产业链集群转型升级

赣州在 2022 年出台了 16 条支持政策，以产业链链长制升级版为核心，促进现代家居、纺织服装、生物医药等关键产业的高质量成长。通过“一链一专班”“一链一策”的策略，推动产业链龙头企业和中小企业在工业互联网平台上深度融合，共同构建高效协同的供应链体系。此举还鼓励中小企业联合发展，倡导产业集群共享数字化转型的红利。

数字化转型的典型案例是格力电器（赣州）智能制造基地的运营。该基地采纳了包括光伏直驱变频离心机和物联网技术在内的24项国际前沿技术，实施"数字大脑+智能产线"的生产模式。这一系列创举为赣州经济带来了显著成效，先进制造业链的强化使得有色金属和新材料产业实现超2100亿元的规上营收，并实现24%的增长。

此外，赣州科研院所的入局也为产业集群数字化打造服务平台提供强有力的技术支撑。如赣江创新研究院、赣州智能产业创新研究院等致力于探索"5G+智能技术"产业化，为有数字化转型升级需求的企业提供一条便捷、快速、高性价比的供需对接通道。

第二节　赣州制造业高质量发展面临的问题与成因

制造业已经成为推动赣州经济发展的主导力量。在全球经济结构深度调整和我国高质量发展战略背景下，赣州迫切需要通过技术创新、数字化转型和绿色发展推动制造业的转型升级。这不仅关系到赣州制造业竞争力的提升，更是实现地区经济可持续发展的核心。然而，尽管政府和企业已采取多项措施，成效仍面临诸多挑战和问题。

这些问题反映了赣州制造业在转型升级过程中承受的多重压力，揭示了当前发展策略与实际需求之间的差距。问题产生的原因包括治理模式陈旧、关键人才短缺、资金投入不足等，这些因素相互作用，制约了制造业的发展质量和速度。为此，需要准确识别制造业发展的痛点和难点，为赣州制造业的未来发展规划提供科学、合理的决策依据。

一、赣州制造业高质量发展面临的主要问题

（一）创新驱动力不足

从全国来看，赣州在制造业科技创新能力方面存在问题。尽管在原始创新力和技术创新力方面表现出色，创新驱动力却相对不足。企业自主创新活力不高，规模以上工业研发经费投入和研发活动企业比例都偏低。

（二）数字化水平不高

随着数字技术引领的第四次工业革命深入发展，制造业的数字化转型成为全球趋势。赣州市委、市政府积极响应国家发展战略，将数字经济作为重中之重，推进发展和改革双"一号工程"，以激发新的增长活力。然而，赣州制造业的数字化发展水平仍需提升。根据工信部赛迪顾问发布的《2022中国数字城市竞争力研究报告》，赣州在2022数字城市百强榜中排名第59位，显著低于一线城市，反映出制造业数字化发展的相对薄弱。

赣州在数字化转型服务支撑能力方面存在不足，信息共享程度低，导致数据碎片化问题严重。企业在智能数据分析与决策能力方面也普遍滞后，亟须提高。信息工程服务和系统解决方案供应商数量不足，难以满足市场需求。尤其是服务业的数字技术支撑能力欠缺，企业间关联度低，数据共享机制缺失，限制了数字化应用开发的深入发展。

赣州中小型民营企业占比较高，受限于规模和能力，难以吸引用户和投资。缺乏大型龙头企业的带动和培育机制，使中小企业在数字技术新兴应用和市场培育方面滞后。传统制造企业管理层普遍缺乏对数字化转型的全面理解，甚至误解为办公流程的无纸化，这进一步阻碍了企业数字化转型的步伐。

（三）绿色发展压力大

在贯彻国家"十四五"工业绿色发展规划的进程中，我国设定了到2025年将绿色环保项目规模提升至11万亿元的宏伟目标。赣州积极响应这一政策号召，在推动节能降碳、新技术应用及绿色制造专业化水平提升方面已经取得了一些积极成果。然而，在深入实施的过程中，仍面临着一系列主要问题亟待解决。

首要问题聚焦于赣州企业在绿色转型方面的执行力不足。一项近期调查显示，当地企业在绿色化转型过程中对于专业人才的引进明显不足。具体而言，有高达18.55%的企业在引进绿色化转型专业人才方面几乎没有或很少采取行动，而33.84%的企业虽有所引进，但数量有限。仅有41.61%的企业表示在绿色转型过程中积极引进了专业人才，这一比例相对较低，反映出赣州在绿色转型人才储备和引进方面的不足。在生产模式绿色优化或创新方面，11.4%的企业没有或很少进行，31.58%的企业进行了较少相关工作。供应商选择上，46.98%的企业并未倾向于选择绿色友好型企业。在商业模式创新上，8.35%的企业没有或很少进行，24.21%的企业进行了较少创新，仅有26.14%的企业表示有创新。在绿色产品开发或解决方案设计方面，21.51%的企业不够重视，43.38%的企业一般重视，只有18.3%和7.56%的企业分别比较重视和很重视。

其次，高能耗问题限制了赣州制造业的可持续发展。尽管赣州已发布《赣州市碳达峰实施方案》，设定了产业结构和能源结构优化、能源利用效率提升、绿色低碳技术研发和应用等目标，但《赣州市2020年—2021年环境统计年报》显示，工业源废水、化学需氧量、氨氮、氮氧化物、磷、石油类排放等关键环境指标均呈上升趋势。赣州制造业对煤炭和石油的依赖性较强，新能源和清洁能源使用率较低，未能有效减少对传统能源的依赖。这不仅威胁制造业的可持续发展，也加剧了环境问题，成为阻碍制造业高质量发展的关键短板。

（四）服务化转型成效较弱

首先，从服务型制造示范企业数量来看，赣州差距明显。工信部公布的第五批服务型制造示范企业名单中，共有110家企业入选，但仅有5家江西企业上榜，赣州无一入选。

其次，赣州在利用数字技术推动服务型制造发展方面还存在明显的短板。尽管作为国内较早发展制造业的城市之一，赣州已经积累了丰富的制造技术和经验，但在数据分析与处理能力上，相较于广州、深圳、杭州等先进城市，仍有显著差距。这种不足主要体现在两个方面：一是数据收集与实时监控能力的局限。部分制造企业尚未建立起有效的数据采集系统，无法实时获取产品使用过程中的关键数据，从而无法实现产品运行状态的实时监控和检测。这种数据缺失不仅限制了企业对产品性能的深入了解，也阻碍了服务型制造模式的深化发展。二是数据分析能力的不足。尽管大部分制造企业能够获取到一定的设备数据，但它们在数据挖掘和分析方面的能力相对较弱，难以从海量数据中提取出有价值的信息。这导致企业无法根据数据反馈提供预防性维护和个性化方案设计等增值服务，进一步削弱了服务型制造的核心竞争力。

最后，赣州高附加值现代服务业发展不足，制造业向智能制造服务业的转型较为缓慢。在赣州的制造业转型过程中，面临多重挑战和制约因素。其中，制造业创新能力不足、盈利水平下降及沿价值链攀升的能力有限，是阻碍转型进程的关键因素。此外，本地龙头企业与智能制造系统集成服务商之间的合作不够紧密，也限制了制造业的智能化和数字化转型。近年来，虽然赣州市的消费性服务业发展迅速，但生产性服务业的总体规模仍然相对有限。这导致制造业和服务业在一定程度上表现出分离发展的倾向，服务业“脱实向虚”的现象逐渐显现。具体而言，服务业的发展过于依赖传统的住宿餐饮业和批发零售业，而高附加值的现代服务业，如研发设计、会展等生产性服务业，其规模相对较小，尚未形成有效的产业支撑。更值得注意的是，赣州缺乏在国际市场上具有强大影响力的本土跨国品牌，这使得其服务业在竞争激烈的全球市场中显得竞争力不足。本土品牌的缺失不仅限制了服务业的国际化发展，也影响了整个产业结构的优化升级。

(五) 集群化效益不显著

赣州产业链条已初步形成，有了集群化的趋势，但同时问题也凸显了出来。

首先，本土制造业规模偏小，集群初具规模但效益不显著。赣州的本土制造业企业在规模和发展上呈现出一定的局限性。普遍来说，这些企业规模较小，尚未形成完整的产业链，多数仍处于产业链的中低端环节。在这一阶段，企业主要聚焦于初加工产品，这些产品往往技术含量较低，附加值也不高。此外，赣州的制造业在关键技术和核心部件上过度依赖进口，国内生产配套相对不足，这进一步限制了其产业升级和竞争力提升的步伐。尽管赣州已经有一些中小企业产业集群开始形成，但这些集群的效益并不显著。

其次，集群组织化不足，缺乏内部协同机制和明晰发展模式。赣州的制造业集群面临着内部组织化程度不高的问题，这导致企业间的合作不够紧密，甚至存在恶性竞争的现象。由于缺乏专业化分工协作，集群内部并未形成有效的合作机制，整体内聚力显得较为薄弱。进一步分析，集群内部的协同关系尚不明确，缺乏一个全面且深入的协同管理制度来指导产业链的协同发展。这种管理上的缺失不仅限制了集群内部资源的有效整合，也阻碍了产业链各环节之间的顺畅衔接，从而制约了整个产业链的协同发展。

最后，信息交流不畅，制约产业集群协同管理效率。赣州制造业集群缺乏有效的协同管理信息交流平台，导致信息传递不畅、共享度低，企业间协同成本较高。企业难以实现快速、准确的信息传递和共享，影响了集群内企业的合作和发展。建立高效的信息交流平台是当务之急，以提高协同管理效率。

（六）国际竞争力水平较低

当前，赣州企业在全球市场的竞争力有待提升。面对全球化浪潮，企业如何提高国际化水平，融入国际经济循环，是一个亟待解决的问题。

在“引进来”方面，赣州企业面临国际合作和技术引进的障碍。以一家光伏企业为例，虽然有意引入国际先进的太阳能电池技术，但受制于高昂的成本和缺乏专业人才，项目进展缓慢，效果未达预期。同时，与国际伙伴的合作也面临技术标准高和本地化适应性、技术吸收能力弱的挑战。

在“走出去”方面，尽管赣州企业已认识到拓展国际市场的必要性，但在实际行动上仍显不足。例如，部分家具制造企业在国内市场表现良好，但在国际市场上却因品牌知名度低、销售渠道不畅通、服务体系不完善等问题而处于被动状态。尽管企业尝试通过国际展会、建立海外销售团队等方式拓展国际市场，但效果有限。

二、赣州制造业高质量发展现存问题的成因分析

（一）治理模式陈旧，制约发展动能

首先，企业现代化管理理念薄弱。在现代企业管理中，数字化程度是衡量企业未来竞争力的一个重要标志。然而，许多企业的管理流程和汇报系统仍停留在较为原始的电子化水平，管理信息系统（MIS）分散，缺乏整合，导致资源配置效率低下。有些企业尽管其生产线已实现部分自动化更新，但由于企业内部管理流程的数字化程度未同步提升，生产计划调整、物料管理和市场响应等方面仍显滞后，无法充分发挥生产设备性能优势，从而制约了整体转型响应速度。数字化转型不仅涉及生产技术的革新，还包括企业管理理念的更新、组织架构的优化和运营流程的整合。转型终极目标是实现企业各部门如行政、人力资源、财务、销售等通过数字化手段实现精细管理，进而提升企业整体运维效率。

其次，企业对绿色化转型的重视程度不高。最新调研结果揭示，在赣州的制

造企业领导层中，关于企业绿色化转型的态度存在显著差异。具体而言，6.14%的制造企业领导对企业绿色化转型持有强烈的忽视态度，0.88%的领导则表现出不重视，另有37.72%的领导仅给予一般程度的重视。令人欣慰的是，有55.27%的制造企业领导表示重视或高度重视企业绿色化转型，这虽然是一个积极的信号，但整体而言，企业的绿色化转型意识仍需进一步增强。从国家和政府层面来看，尽管已有多项政策文件强调了制造企业绿色化转型的重要性和必要性，但在实际执行中，这种转型的理念尚未得到广泛而深入的体现。2023年2月，工信部发布了2022年度绿色制造名单，其中涵盖了874家绿色工厂、643个绿色设计产品、47家绿色工业园区及112家绿色供应链管理企业。其中，江西省32家绿色工厂、15个绿色设计产品、2家绿色工业园区入选。截至2024年，赣州有国家级绿色园区4个、绿色工厂18家，省级绿色园区8个、绿色工厂56家。从数量上来看，与全国其他城市相比差距较大。

（二）关键人才短缺，影响转型效率

当前，随着工业环境的变革，越来越多的赣州企业面临着从传统制造向智能制造转型的挑战，这一转变对制造业人才需求提出了更高要求。随着制造业不断迈向高质量的发展阶段，对具备现代化、智能化、绿色化知识的复合型专业人才的需求愈发迫切。能否成功吸引并留住充满活力和创新精神的年轻人才，将直接关乎赣州市制造业未来的竞争力和可持续发展。然而，赣州地区的许多企业在引进此类人才时遭遇了困境。

以赣州某汽车零部件制造公司为例，该公司在引入“工业4.0”和“互联网+”概念后，急需通过数字化转型升级以改进工艺和管理模式。然而，受专业人才短缺的限制，项目推进缓慢，转型效率和质量大打折扣。尽管该公司多次尝试引进具有数字技术背景的高级工程师，但多数人在短期内因适应不良而离职，这一现象在中小型企业中尤为普遍。

（三）资金投入不足，限制发展进程

在当前经济环境下，许多赣州中小企业面临资金不足问题，阻碍了制造业转型升级的进程。转型需投入包括设备采购、技术更新、人才培训和管理升级等。如某家具制造企业，引进智能化生产线需数百万元初期投资，对年营业额未达到较大规模的小企业压力巨大。此外，设备更新速度快，资金回笼周期长，市场竞争激烈，企业升级转型决策谨慎。

中小企业倾向等待政策扶持，而非主动转型。如一家汽车零部件制造企业，尝试引入高级数控机床提高效率和质量，但技术升级费用高昂，企业对未来市场投资回报缺乏信心，导致转型项目推迟。另一家电子企业试图通过软件应用整合供应链数据，提高物流效率，但需先投资建立信息系统和培训员工，企业对此持观望态度。

第三节　粤港澳大湾区制造业高质量发展经验借鉴

粤港澳大湾区着眼于制造业高质量发展与创新，通过观察近年来粤港澳大湾区内地9市制造业的发展态势、政策利好、创新动力水平、产业布局、核心资源要素投入等情况，挖掘粤港澳大湾区内地9市制造业高质量发展的先进做法，以期对标借鉴。

一、制造业发展态势持续向好

近年来，粤港澳大湾区内地9市的工业发展展现出十足韧性（见图8-1）为制造业高质量发展与创新奠定了坚实基础。

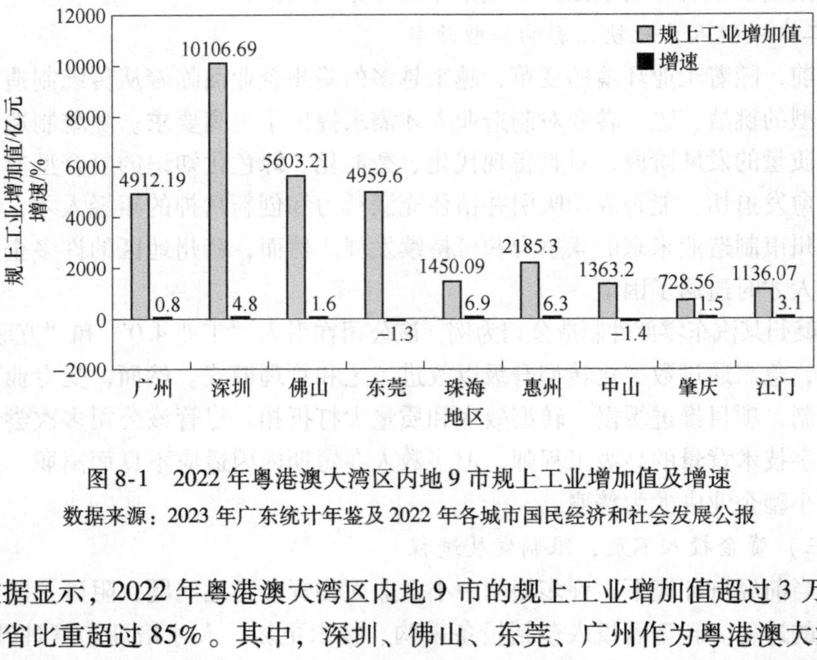

图8-1　2022年粤港澳大湾区内地9市规上工业增加值及增速

数据来源：2023年广东统计年鉴及2022年各城市国民经济和社会发展公报

数据显示，2022年粤港澳大湾区内地9市的规上工业增加值超过3万亿元，占广东省比重超过85%。其中，深圳、佛山、东莞、广州作为粤港澳大湾区工业发展的核心城市，2022年的规上工业增加值均在5000亿元以上或接近该数值。2023年前三季度，区域工业经济进一步回暖，佛山、珠海、中山、江门、惠州和深圳6市增速高于全省水平（3.1%）。

二、政策利好数字化转型

粤港澳大湾区制造业的蓬勃发展背后，是一系列产业政策的支持。在《广东省制造业高质量发展“十四五”规划》的统筹下，近3年来，粤港澳大湾区内地9市根据制造业发展及特色产业培育现状制定了约200份政策文件，平均每市

21 份。这些文件中，“高质量发展”“科技创新”“数字化转型”是高频关键词，“先进制造业”“战略支柱产业”“高技术企业”“专精特新中小企业培育”等是重点领域。

2023 年广东省政府工作报告提出“树立制造业当家的鲜明导向”，并要求实施制造业当家“一把手”工程、建立优质企业梯度培育体系。梳理粤港澳大湾区内地 9 市 2023 年政府工作报告，结果显示在各市制造业相关的工作安排中，完善企业梯度培育体系、数字化转型、招商引资等关键词也被频繁提及，如图 8-2 所示。

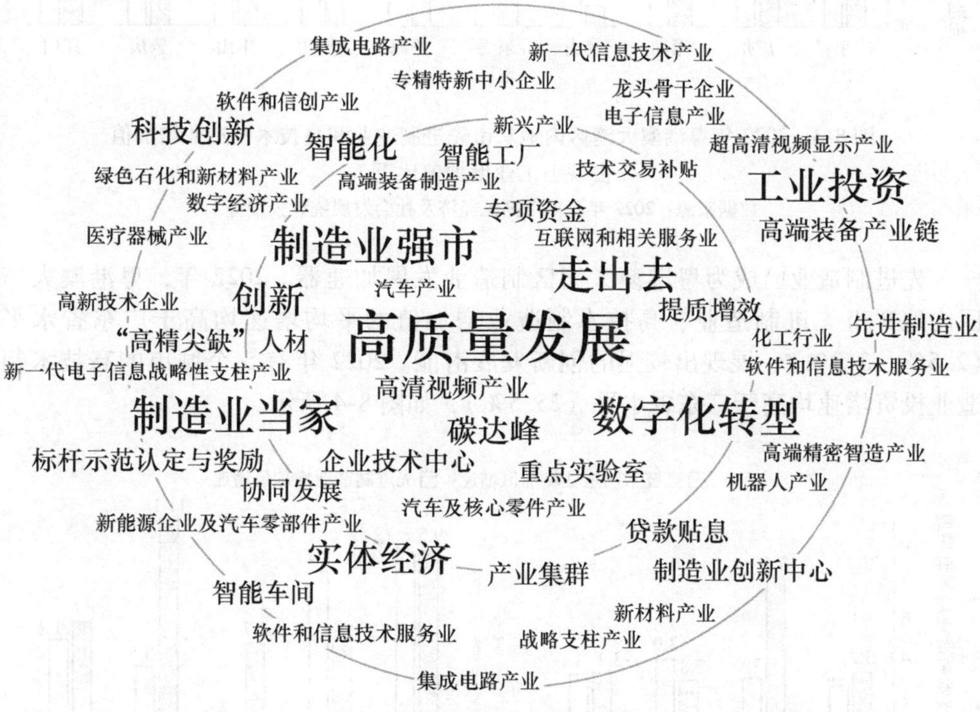

图 8-2　粤港澳大湾区内地 9 市制造业相关政策文件关键词分析

三、先进制造及高技术制造业布局深化

以高技术制造业、战略性新兴制造业为代表的先进制造业，正进一步发挥牵引带动粤港澳大湾区内地 9 市工业、制造业经济发展的关键作用，如图 8-3 所示。

2022 年，粤港澳大湾区内地 9 市中，各有 4 市的先进制造业、高技术制造业增加值占规上工业增加值比重超过广东省水平（55.1%、29.9%）。其中，深圳先进制造业和高技术制造业增加值比重均处珠三角首位，而惠州则仅次于深圳，成为珠三角制造业发展的“黑马”城市。

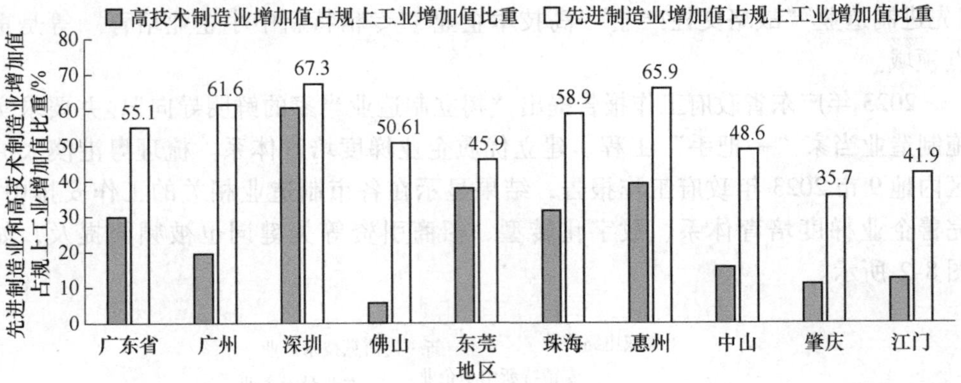

图 8-3 2022 年粤港澳大湾区内地 9 市先进制造业和高技术制造业增加值占规上工业增加值比重

数据来源：2022 年各城市国民经济及社会发展统计公报等

先进制造业已成为粤港澳大湾区制造业发展加速器。2022 年，粤港澳大湾区内地 9 市先进制造业、高技术制造业增加值的平均增速均高于广东省水平（2.5%、3.2%），展现出较强的创新发展潜能。2022 年有 5 个城市的高技术制造业投资增速均高于广东省水平（25.5%），如图 8-4 所示。

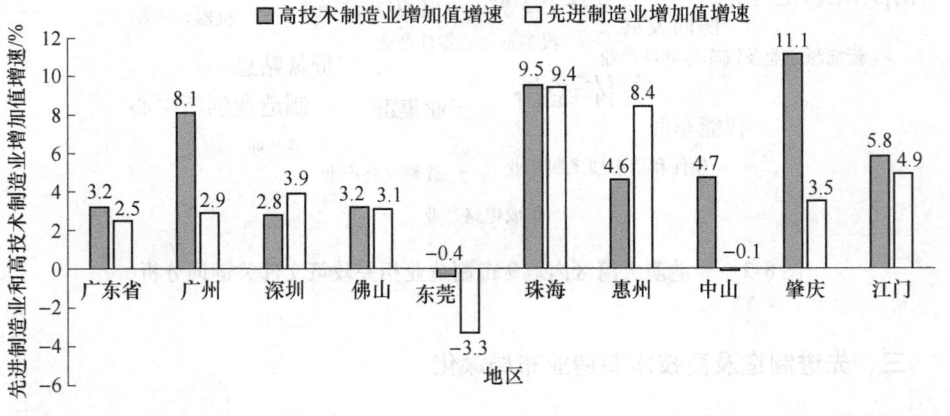

图 8-4 2022 年粤港澳大湾区内地 9 市先进制造业和高技术制造业增加值增速

数据来源：2022 年各城市国民经济及社会发展统计公报等

近年来珠海、惠州等市先进制造业、高技术制造业提速发展，投资活跃，创新动能持续向好，发展后劲足。例如，2022 年，珠海工业投资、制造业投资同比分别增长 56.4%、81.6%，其中，先进制造业、高技术制造业投资同比分别增长 90.5%、89.0%，四项增速均排广东省第一。

四、优质制造业企业集聚优势突出

科技企业群体无疑是粤港澳大湾区制造业打造发展新格局的重要力量。把高新技术企业培育好、服务好，通过加强研发提升其自主创新能力，能从根本上牵引带动制造业的高质量发展。数据显示，2022 年，广东省高新技术企业达 6.9 万家，五年翻了一番多，其中有超九成的高新技术企业位于粤港澳大湾区。从制造业中的高新企业数量来看，深圳、广州、东莞和佛山四城累计占广东总量的 72%。

粤港澳大湾区对大企业的虹吸效应较强，企业集聚优势更加突出。2022 年，广东制造业 500 强入选企业集中在粤港澳大湾区内地 9 市，数量合计占总数的 77.4%；广东省超 1500 家国家级专精特新"小巨人"企业中，超 95% 来自粤港澳大湾区内地 9 市。制造业数字化、智能化转型是大势所趋，是制造业高质量发展的必由之路。目前，广东已推动 2.9 万家规上工业企业数字化转型数字经济规模指数全国第一。

五、研发人才、资金等核心资源推动制造业创新

《粤港澳大湾区发展规划纲要》提出要将粤港澳大湾区打造成具有全球影响力的国际科技创新中心之后，人流、资金流等要素加速汇入粤港澳大湾区，2021 年广东省科研经费 95.6% 投在了珠三角区域。在创新产出实力方面，2022 年深圳、广州、珠海 3 市在规上工业每亿元营收发明专利授权数量方面高于区域平均水平，企业创新效率较高。

第四节　数字化转型赋能赣州制造业高质量发展策略

高质量发展以质量和效益为核心，深刻体现"创新、协调、绿色、开放、共享的新发展理念"。在稳健增长的同时，它致力于经济结构的优化、创新力的增强及质量效益的全面提升。制造企业应利用科技创新和数字化转型来驱动"创新"动力，通过集群化和服务化策略实现"协调、开放、共享"的目标，并借助绿色化和智能化技术践行"绿色"使命。这一转变将助力实现成本降低、效率提升、品质卓越、环境和谐及企业间和产业间的协同发展，从而推动制造业迈向更高质量的发展阶段。

一、数字化转型赋能赣州制造业高质量发展的路径

（一）创新引领，推动制造业智能升级

赣州要致力于综合运用大数据、物联网、5G、人工智能等新一代信息技术，

以助力传统产业实现转型升级。通过打造一系列数字经济新技术、新产品和新应用，推动产业智能升级。

第一，综合运用大数据技术实现智能化产业改造。通过大数据分析和数据挖掘，进一步优化生产流程，提升生产效率和产品品质，以更好地满足市场需求。这不仅能够显著提高产品质量，还有助于提升整个产业链的附加值和竞争力。为了推动赣州制造业重点产业链的全面升级，应积极鼓励其运用先进的智能制造装备和数字技术，深入实施研发设计、生产制造、供应链管理、营销销售、售后服务以及人才培养等核心环节的数字化转型。

第二，全面支持企业进行智能化升级。为了引领赣州制造业迈向智能化新纪元，热切呼吁企业积极布局高端数控机床、工业机器人及前沿的智能传感与控制设备。同时，鼓励企业深入融合 5G、互联网、大数据、物联网及人工智能等新一代信息技术，以实现从产品设计、技术开发，到生产流程、加工制造，再到仓储配送、售后服务等全方位、多角度的数字化转型与智能化升级。对智能化改造项目中的软件、检测、智能化集成以及研发外包服务等关键投入提供强有力的财政支持，确保单个项目中这些费用占比可达到最高 30%。

（二）数智支持，深化制造业绿色转型

在充分释放赣州丰富自然资源与优越生态环境潜力的过程中，必须加大环保产业数智化的推进力度，确保绿色制造的稳健发展。

第一，普及智能节能技术与清洁能源。激励企业采用智能化节能设备，优化生产流程，降低能耗与排放。推广太阳能、风能等清洁能源，确保产业活动的绿色属性。支持工业企业加大技术改造投入，采用先进技术设备，淘汰老旧设备，提高生产效率和产品质量，改善生产环境。

第二，深化绿色供应链管理。构建并实施绿色供应链评价准则，引导企业加强绿色采购、生产、物流等方面的管理，促进全链条的绿色转型。运用数字化工具提高供应链透明度和运作效率，促进绿色材料的有效利用。

第三，构建绿色标准与激励机制。制定严格的绿色制造标准，明确具体要求。通过税收优惠、财政补贴和绿色金融等政策，鼓励企业践行绿色制造标准。对节能降碳和工业固体废物资源化利用的技术改造项目给予资助。

第四，促进环保产业数字化转型。运用大数据、云计算及物联网等技术手段，助力企业实现精细化管理，提升能效，推动低碳发展。特别是在资源密集型产业中，要充分发挥数字化转型对产业绿色升级的支撑作用。

第五，培育绿色技术创新生态。搭建绿色制造技术研发与创新平台，整合研究机构、高校及企业资源，加快研发具有市场潜力的绿色技术。促进绿色技术在产业中的实际应用，推动产业升级与健康发展。

（三）数智驱动，力促产业集群化发展

第一，构建“智造产业链共同体”，推动科技与产业的良性循环。中央经济工作会议强调，紧抓传统产业转型升级和战略性新兴产业培育，推动“科技—产业—金融”良性循环。链主企业应发挥示范引领作用，通过数智化改造整合产业链，实现要素流动，成为赣州制造业数智变革的必然选择。畅通产业链数据“链路”，打造“智改数转”应用示范标杆。支持链主企业牵头搭建行业协会、产业联盟、创新机构等产业服务平台，推动产业链升级。一方面，鼓励龙头企业和链主企业开放数据资源，推动供应链上下游企业数据互联互通，引导中小企业融入数字化应用场景和产业生态；另一方面，支持中小企业积极融入产业集群链主企业生产体系，加速实现产业集群数字化。

第二，加强产业链协同治理，促进各环节协同发展。推进“四链协同”治理，以产业链、创新链、资金链、人才链为核心，提升整体产业生态的竞争力。

第三，强化集群协同效应，提升核心竞争力。赣州已构建以先进制造业为主体的“1+5+N”产业集群，但应进一步强化集群协同效应，提升各集群的核心竞争力，推动赣州打造国内有竞争力的产业集群，加快向世界级水平跃升。

（四）深化“两融”，推进制造业全面数智化战略

“两融”战略旨在将先进制造业与现代服务业结合，通过数字技术实现产业链上下游的深度协同。涉及工业设计、总集成承包、定制化服务、全生命周期管理等方面，旨在打破传统产业界限，形成新的生产运营模式。深化“两融”是推动制造业现代化管理升级的关键，企业应积极拥抱数字化制造技术，转变传统观念，加强技术和管理创新，推动数字化与制造业深度融合，注入高质量发展的新动力。

第一，支持“两业”深度融合。为了促进赣州制造业的全面发展，政府应当积极推动先进制造业与现代服务业的深度融合。在此过程中，政府应大力支持和引进那些专门为高端制造业提供服务的现代服务企业。同时，鼓励制造业企业充分利用新一代信息技术，探索并实践在工业设计、总集成承包、定制化服务、全生命周期管理、节能环保服务、供应链管理、共享制造及检验检测认证服务等领域的融合发展新模式。

第二，推动“数字化”管理转型。政府应指引和支持企业提升数字化管理能力，实现从“精细”管理到“精益”管理的转型。数字化是打通生产端与管理端、销售端的重要手段，需要从战略规划到管理生产层面。建议政府加大对企业数字化转型的引导，提升现代化管理理念。企业也应加快“全面数字化”战略，构建数据驱动型高效运营管理模式，从依靠人决策转向依靠数字化系统决策，完善从战略规划到产品研发、生产制造、经营管理、市场服务等各环节的数字化。

（五）开放融合，加速赣州智造全球化布局

赣州作为江西省的南大门，已成为连接国内和国际贸易市场的战略门户。赣

州国际陆港，中国首个“内陆海港”物流枢纽，不仅提升了赣州的对外贸易，还增强了南康家具等地方产业集群的国际竞争力。与粤港澳大湾区的紧密协作，特别是赣深“组合港”和创新通关模式，有效缩短了货物流通周期，提升了贸易效率。陆港的铁海联运服务覆盖多个欧亚国家和中国主要城市，强化了赣州的物流网络，巩固了其作为内陆交通枢纽和开放型市场的战略地位。赣州应以更加开放的姿态，加速“赣州智造”的全球化布局。

第一，支持企业融入全球研发设计、生产制造、营销服务链条。尽管赣州制造业在国际化进程中取得了一定成就，但在生产标准接轨、技术应用更新和管理模式国际化方面仍需加强。建议政府联手产业园区和商协会，推动制造企业对标国际规则和标准，使技术、管理和生产流程符合国际标准，扩大产品“出海”空间。

第二，打造符合产业发展国际化的服务平台，为制造企业拓展海外市场。赣州需要进一步拓宽国际合作视野，以建设“四个平台”为核心战略布局，推动经济与社会的高质量发展。这四大平台包括：促进进出口业务和增加商品附加值的对外经贸交易平台、加强地区间产业联动和资源共享的对内深化合作平台、优化物流系统提升运输效能的国际物流集散平台，以及利用数字技术推广本地产品至全球市场的跨境电商贸易平台。

第三，支持“赣州智造”产业链在全球的延伸布局。对企业在海外投资和参展给予更多支持，让企业从单一出口产品转变为全球产能布局，提升赣州在全球供应链中的地位。积极响应“一带一路”倡议，通过参与国际展会和论坛，加强与共建国家的经贸联系，提升国际影响力。推进科技合作和创新平台建设，如联合实验室，促进本地产业更好融入国际标准体系，实现转型升级。加强海外优质企业、技术和高端人才引进，借力先进技术和高端人才，赋能本土制造企业数智化转型。

二、数字化转型赋能赣州制造业高质量发展保障措施

（一）提升政策支持力度，加快落实制造业数字化转型战略

加大对制造业数字化转型的政策支持力度。政府应制定相关政策、完善法规体系，为数字化转型提供有力保障。赣州市政府已经制定了制造业重点产业链现代化建设“7510”行动计划，还需进一步推进计划落地实施进程，加大政策的支持力度，深化先进制造业和现代服务业融合发展，加强各方产业合作，促进国内国际双循环。

（二）建立公共服务平台，破解企业转型之困

第一，培育工业互联网示范平台。推动综合型、行业级和专业型平台协同发展，支持制造业企业和服务商建设，提升工业互联网平台，打造“智改数转”

应用示范标杆。例如，赣州的“三位一体智慧园区平台、深联智能制造管理平台、龙南骏亚精密电路工业云平台”利用移动互联网、物联网、大数据和云计算技术，促进传统产业的转型升级。

第二，征集具有综合集成能力的工业互联网服务商。这些服务商涵盖工业互联网平台、软件和信息技术、智能制造、网络改造升级、人工智能集成、数据集成解决方案和安全生产监管等领域，能够为企业提供数字化转型的技术和方案。例如，冠英科技集团凭借其技术优势和实战经验，成功入选赣州市制造业数字化转型服务商名单，推动了多个县域产业集群的数字化发展，提升了赣州“1+5+N”产业集群的发展水平。

第三，搭建产业供需对接平台。建议成立“产业会客厅”，作为交流平台，为政府部门、采购单位和生产企业提供共同空间，促进面对面交流。设立信息展示区，供企业展示产品、技术和服务，吸引合作伙伴。定期组织交流活动，如产业对接洽谈会和项目推介会，促进实质性合作。鼓励政府部门参与“产业会客厅”活动，提供政策咨询和项目支持，了解企业需求，推动精准政策制定。采购单位可以直接对接生产企业，提高采购效率，减少信息传递时间和成本，促进产业链畅通。

（三）深化产学研融合，打造数字经济人才高地

深化政校企产学研融合，全力打造高素质人才集聚地，提升企业科技创新能力和特色产业发展水平。构建科技协作平台，充分发挥高校和科研机构在高端人才与科技服务领域的优势，推动科技成果转化，为高质量发展提供坚实的人才保障和智力支持。

深化校企政产学研融合，打造数字经济人才高地。例如，赣州市政府、华为技术有限公司与赣南科技学院合作共建电子信息现代产业学院和数字经济产教融合公共实训基地。赣南科技学院聚焦“高新精尖”技术领域技能人才培养，共建云计算、大数据、人工智能等ICT相关专业。以“信息产业学院”为政企校协同创新载体，以“数字经济产教融合公共实训基地”为抓手，促进教育链、人才链与产业链、创新链有机衔接，为学生提供更广阔的职业发展空间和实践机会，为企业提供优质人才资源和技术支持，为地方提供智力支持和创新动能。

发挥赣州市工业数字研究院等产业创新促进机构的作用，强化以需求为导向的科技攻关。实施科技重大专项，面向产业实际需求，前瞻布局关键技术。坚持以企业为主体、市场为导向、产学研深度融合的制造业技术创新体系，实现“企业出题、专家选题、社会答题”的创新模式。

（四）强化资源要素保障，推动制造业技术改造升级

第一，强化项目融资的扶持力度。满足企业技术改造项目的资金需求，鼓励银行机构推出如“技改贷”“数字贷”“绿色贷”等定制化信贷产品，并在市场利

率基础上提供优惠利率，同时设立快速审批通道，以加速贷款流程。同时，深化融资租赁的推广，使其成为中小企业解决融资难题的重要途径。对工业企业实施技术改造项目时，我们推荐使用专属信贷产品来支持固定资产投资或融资租赁购置设备，并对实际支付的银行贷款或设备租赁利息给予贴息支持。此外，对于银行机构发放给中小微企业的技术改造项目贷款所形成的不良贷款，将纳入市级风险补偿资金池进行统一的风险补偿。

第二，实施技术改造投资的税收优惠政策。鼓励企业投资，允许企业新购进的设备、器具，在单位价值不超过 500 万元的情况下，一次性计入当期成本费用，并在计算应纳税所得额时直接扣除，无需再分年度计算折旧。

第三，鼓励并推动“零增地”技术改造项目。支持工业企业在现有用地上拓展产业发展空间，提高普通工业用地的容积率，并增加建筑面积。这些新增的用地仅限于企业自身扩大再生产，且不得转让或出租，因此不会增加地价负担。对于按规定需要移交的新增建筑，权利人可优先选择自行持有，并按照市场地价的两倍计算地价。

参考文献

[1] 曹妍，张立亭，张紫怡，等. 赣州市生境质量及景观格局时空演变分析与预测［J］. 江西科学，2024，42（2）：332-339.

[2] 张银银，徐耀君. 适宜农业技术采用的文献回顾及其对巩固脱贫攻坚成果的启示［J］. 农村经济与科技，2023，34（24）：65-67.

[3] 陈华平，王倩. 赣南革命老区生态振兴高质量发展示范区建设的路径模式经验与启示研究［J］. 农业与技术，2023，43（24）：143-149.

[4] 林晓曼，林德钦. 粤港澳大湾区城市绿色创新能力评估及时空特征研究［J］. 当代经济，2023，40（12）：75-83.

[5] 邓利方，陈熙. 粤港澳大湾区高科技人才吸引力空间差异与收敛性研究——以珠三角九市为例［J］. 华南理工大学学报（社会科学版），2023，25（6）：18-38.

[6] 钟荔生. 赣州稀土产业链检测现状及发展趋势［J］. 世界有色金属，2023（21）：220-222.

[7] 于水，赵旭. 推动地方经济服务与融入构建新发展格局——以江西赣州为例［J］. 现代商业，2023（20）：148-151.

[8] 江玉婷，陈华平. 赣南革命老区产业振兴高质量发展示范区建设的路径、模式、经验与启示研究［J］. 南方农机，2023，54（20）：94-102.

[9] 余爱民，尚勤，焦静泊. 打造小微企业"长跑"赛道上的能量补给站——赣州普惠金融服务中心调研［J］. 中国农村金融，2023（17）：58-60.

[10] 王明. 粤港澳大湾区城乡融合发展新机制研究［J］. 珠江论丛，2022（1）：34-45.

[11] 王子丹. 基于国际经验的粤港澳大湾区国家技术创新中心建设路径研究［J］. 决策咨询，2022（6）：22-27.

[12] 柏海珍. 试论对接融入粤港澳大湾区建设背景下赣州市高层次人才的引进和培养机制研究［J］. 知识窗（教师版），2022（11）：72-74.

[13] 贺娇. 粤港澳大湾区文旅产业经验对赣州的启示研究［J］. 旅游与摄影，2022（19）：104-106.

[14] 曹凤鸣. 粤港澳大湾区建设背景下赣粤合作策略优化研究［J］. 上海商业，2022（9）：75-77.

[15] 温居林，罗雪梅. 融入粤港澳大湾区构筑开放合作新高地［J］. 当代江西，2022（1）：47-48.

[16] 汤文华，罗桥秀. 乡村振兴战略下新型农业经营主体培育研究——以江西省赣州市农业龙头企业发展为例［J］. 特区经济，2020（9）：152-154.

[17] 陈志豪，贺勇，廖诺. 不同碳政策下考虑道路拥堵的区域物流网络优化［J］. 统计与决策，2024，40（6）：183-188.

[18] 刘怡君. 赣州区域物流中心建设的思考与探索［J］. 企业经济，2012，31（11）：132-135.

[19] 陈红丽，王锐锐，孙卫华，等. 与新质生产力水平相匹配的现代物流标准体系构建研究［J］. 物流研究，2024（6）：18-23.

[20] 古程新月，朱静，秦玮玮，等．乡村振兴背景下冷链物流基础设施发展现状与对策分析［J］．中国储运，2024（3）：155-156.
[21] 姚宝根．基于信息不对称的产业引导基金发展路径研究——以福建省厦门市翔安区为例［J］．商展经济，2024（6）：134-137.
[22] 张圆圆，夏球．我国政府引导基金创新发展研究［J］．西南金融，2024（3）：32-43.
[23] 刘夏，黄元阔，宋洪孝，等．浅谈国内产业引导基金的发展情况［J］．商业观察，2024，10（4）：25-28.
[24] 撒靓瑶，杨麒永，刘发江．区域金融合作与金融创新模式研究［J］．中国集体经济，2024（13）：13-16.
[25] 杨洁．深化大湾区金融合作促进区内经济融合发展［N］．证券日报，2024-03-04（A02）．
[26] 冯娜娜，于晗．全国政协社会和法制委员会副主任李民斌：深化大湾区金融合作促进区内经济融合发展［N］．中国银行保险报，2024-03-04（003）．
[27] 范子萌．建议深化大湾区金融合作和高水平制度型开放［N］．上海证券报，2024-03-02（006）．
[28] 李支．粤港澳大湾区金融规则衔接的法治理念及其实践路径［J］．社会科学家，2023（12）：117-122.
[29] 刘春红，武岩．香港国际金融中心助力粤港澳大湾区建设［J］．宏观经济管理，2023（2）：59-65，90.

后记

赣州，这个名字在中国的地理和文化版图上，承载着深厚的历史和文化底蕴。从一个以农业为主的传统市场，到一个工业和高新技术产业并举的现代城市，赣州的转型过程反映了中国广大内陆地区面临的挑战和机遇。

自新中国成立后，特别是改革开放以来，赣州经历了从计划经济到市场经济的巨大转变。这种转变不仅改变了城市的经济结构，更深刻地影响了赣州人的生活方式和思想观念。

由于其独特的地理位置，赣州成为连接华南与华中、东南与西南的重要枢纽。本书深入探讨了赣州在产业革新、战略定位及区域经济融合方面的实践，审视了这座城市如何通过思想解放与创新实践，重新确立其在国家和区域发展中的地位，并在追求高质量发展的道路上取得显著成果。书中还详细剖析了赣州如推行创新的经济政策和发展战略，有效地将传统资源优势转化为经济增长的新动力。这不仅体现在工业结构的优化、新兴产业的增长，还包括服务业的加速发展，尤其是在现代物流、金融服务和制造业数智化转型等领域的显著成就。通过这些措施，赣州不仅在国内市场中提升了自身的竞争力，而且在国际市场上也逐渐树立了新的形象。

展望未来，赣州将继续面临国内外环境的复杂变化。然而，正如本书所展示的，通过不断的政策创新和制度完善，赣州完全有能力将挑战转化为机遇，实现从传统工业城市到现代服务经济强市的飞跃。在此过程中，赣州需要进一步强化与国内外经济体的合作，拓展开放型经济的深度和广度，同时更加注重环境保护和社会责任，确保经济发展的可持续性。

赣州的经验不仅是江西的一个典范，更是全国乃至全球众多地区面对新时代挑战与机遇的生动案例。它提醒我们，城市和地区的发展需要根据自身的历史背景和实际情况，设计符合自身特点的发展战略。同时，也显示了在全球化时代，地方与全球的互动更加紧密，地方发展策略需要更加灵活和前瞻，以适应快速变化的国际和国内环境。通过本书，我们不仅见证了一个城市的变迁与成长，更看到了一个时代的发展脉络和未来的无限可能。本书的研究和论述，希望能够为其他地区提供启示和策略，共同推动地方经济的高质量发展，迈向更加繁荣和可持续的未来。

作　者

2024 年 5 月